네 차례 30일간 유람선 사목

알래스카에서 만난 하느님

알래스카에서 만난 하느님

초판 | 1쇄 발행 2010년 10월 25일
지은이 | 정광영 · 펴낸이 | 김소양
기획 편집 | 최 준 · 마케팅 | 김철범
디자인 | 이현미, 송미령, 양윤석, 윤나리

임프린트 | 도서출판 다밋
주소 | 서울 서초구 양재2동 299-5 남양빌딩 6층
마케팅 | 02-566-3410 · 편집실 | 02-575-7907 · 팩스 | 02-566-1164
홈페이지 | www.dameet.com · 이메일 | wrigle@hanmail.net
블로그 | blog.naver.com/dameet · 트위터 | @wribook

발행 | ㈜우리글 · 출판 등록 | 1998년 6월 3일

이 도서의 국립중앙도서관 출판시도서목록(CIP)은
e-CIP 홈페이지(http://www.nl.go.kr/ecip)에서 이용하실 수 있습니다.
(CIP제어번호: CIP 2010003735)

* 잘못된 책은 바꾸어 드립니다.
* 책값은 뒤표지에 있습니다.

네 차례 30일간 유람선 사목

알래스카에서 만난 하느님

정광영 신부

PRAYER IN ALASKA

다밋

_ 캐나다와 알래스카 주 경계지점

머리말

2006년에 시작한 유람선 사목을 지금까지 해오고 있다.

홀랜드 아메리카 라인Holland America Line이라는 거대한 유람선 회사 소속 유람선 미스 우스테르담 Ms. Oosterdam 호를 타고 2006년 4월 15일부터 4월 22일까지 했던 일주일 코스가 유람선 사목의 시작이었다. 미국 캘리포니아주 서남단에 위치한 항구 샌디에이고에서 출발해 멕시코 서해안의 아름다운 항구를 거쳐 다시 샌디에이고까지 돌아오는 일정이었다.

나는 2003년 1월 1일 65세의 나이로 은퇴를 하고 사제생활 및 인생 전반을 정리해보는 나름대로의 계획에 따라 바쁘면서도 조용한 은수자의 삶을 살기 시작했다. 내게 주어진 여생을 그렇게 사는 것이 작은 꿈이었다. 그런던 중에 2005년 10월, 아주 우연히 교구 친구 사제의 소개로 유람선 사목에 관해 알게 된 것이 유람선 지도 신부가 되는 최초의 계기가 되었다.

유람선 지도 신부로 정식 등록이 되는 가장 중요한 관문은 현지 대주교님의 추천서였다. 그리고 여러 가지 까다로운 절차를 거쳐 미국 텍사스 주에 있는 바다의 사도직 본부에 정식으로 등록이 된 것은 2005년 10월 말이었다. 일단 등록이 되면, 유람선 회사로부터 유람선 지도 신부가 필요하다는 연락이 텍사스에 있는 바다의 사도직 본부를 거쳐 유람선 지도 신부에게 이메일로 온다.

그 후 1년에 적어도 한두 차례씩 유람선 사목을 해왔으며, 그 중 알래스카 행 유람선 사목을 여러 차례 하고 있는 중이다. 웅장한 산야, 거대한 빙산, 청정 바다와 해안 길의 절경, 그리고 빽빽이 들어선 산림으로 우거진 조그마한 섬들의 아름다운 자연경관이 나를 끝없이 찾아오게 만드는 알래스카 특유의 매력이다. 무엇보다 하느님의 위대한 작품인 자연으로부터 하느님의 다양한 모습을 체험하는 기회가 나에게는 하느님과의 관계를 더욱 가깝게 해주는 축복의 선물임에 틀림없다.

전 세계에서 모여드는 수많은 관광객들이 주로 유람선을 이용해 알래스카를 찾아온다. 수많은 유람선 회사들이 앞을 다투어 알래스카를 찾는 이유는 다른 곳에서는 경험할 수 없는 알래스카 특유의 풍부한 자연 관광자원 때문이다.

야생조류와 야생동물을 비롯한 갖가지 희귀한 바다 생명들, 그리고 알래스카가 보존하고 있는 전통문화 또한 수많은 관광객들을 끌어당기는 매력이라 할 수 있을 것이다. 미국은 1867년 당시 국무장관이었던 William H. Seward의 주선으로 7백 2십만 달러를 지불하고 소련으로부터 알래스카를 샀다. 쓸모없는 불모지로 푸대접받던 알래스카는 미국이라는 새 주인으로 교체된 후 눈부시게 발전을 하게 되었으며 성장했다. 그리고 세계적인 관광명소이며 전략적 군사기지, 그리고 과학기지로 지구촌에 널리 알려진 국제적인 명소로 자리매김하게 되었다.

알래스카 유람 사목을 몇 차례 하며, 버리기 아까운 경험들을 한 데 모아 또 한 권의 책으로 엮는다. 유람선 사목에 대한 책은 《유람선 지도 신부의 이야기》에 이어 이번이 두 번째이다. 나름대로 소중한 경험을 담은 이 책을 통해 독자 여러분도 알래스카 유람 여행을 즐기시길 바란다.

2010년 10월
정 광 영 신부

차례

알래스카 유람선 지도 신부
첫 번째 이야기

PRAYER IN ALASKA

_ 알래스카 연안 아름다운 섬들

처음 경험하는 알래스카 유람선 사목

2007년 1월 26일(금) 이메일 함을 열어 보니, Holland America Line 소속 유람선들이 캐나다 밴쿠버와 미국 시애틀에서 출발하는 7일 코스와 14일 코스의 유람선에서 지도 신부가 필요하다는 내용의 편지가 들어 있었다.

Holland America Line 회사에 속한 유람선이 열여섯 척 있는데, 그 중 일곱 척의 유람선들이 6월부터 10월까지 7일 혹은 14일 코스로 알래스카 항구도시를 유람하는 스케줄이다.

알래스카 항구를 유람하는 유람선 일정표를 자세히 보면서 내가 어느 때 가는 것이 가장 적절한지 살펴보았다. 7월 17일(일) 캐나다 밴쿠버에서 출발해 알래스카 태평양 연안 항구를 14일간 유람한 후 8월 1일(일)에 다시 캐나다 밴쿠버로 돌아오는 MS Statendam 유람선을 선택하는 것이 시간상 나에게 적절하다는 생각이 들었다.

그래서 미국 텍사스에 있는 유람선 사도직을 총 관리하는 사무실에 내가 선택한 일정을 이메일로 즉시 발송했다. 이메일을 보내고 사흘째 되는 28일(일) 신청이 채택되었다는 답신 이메일이 왔다. 나는 2005년 말부터 유람선 지도 신부로 정식 등록이 되어 있기에 여러 유람선으로부터 지도 신부가 필요하다는 통보가 텍사스에 있는 바다의 사도직 총본부로부터 이메일이 자주 온다.

1년에 몇 차례 유람선 지도 신부로 유람 여행을 할 수는 있지만, 은퇴는 했어도 그렇게 다닐 만한 시간적 여유가 없어서 1년에 한두 차례 정도는 할 계획을 세워둔 터다. 알래스카의 산야는 항상 눈으로 덮여 있는 빙산 이지만, 그래도 겨울보다는 여름이 훨씬 덜 추우리라는 생각이 들어 여름철에 가기로 결정한 것이다.

알래스카로 가는 유람선은 캐나다 밴쿠버에서 출발을 하므로 이 때 밴쿠버에 계시는 옛 교우들도 만나보기로 했다. 유람선 지도 신부가 된 이래 세 번째 유람선 여행이다.

먼저 캐나다 밴쿠버에 계시는 옛 교우들에게 전화를 하고 6월 13일(수) 차를 몰고 밴쿠버로 가기로 마음을 먹었다. 1981년 말부터 1986년 4월까지 밴쿠버에서 처음으로 교포사목을 시작했고 밴쿠버를 떠난 후 두 번째로 밴쿠버에 가는데 이번이 8년 만이다. 밴쿠버에서 사목할 때 알래스카를 비행기로 한 번 가본 적이 있었으니, 알래스카는 두 번째로 가는 셈이다.

알래스카는 미국 국토 중 최북단에 있으며 가장 서쪽에 붙은 미국 50개 주 중의 하나로, 주 중에서 면적이 제일 넓고 북미 대륙 최북서쪽에 있는 곳이다. 그리고 베링 해협과 51miles^{82km} 폭으로 아시아 대륙과 떨어져 있다. 미 국무장관이었던 William H. Seward에 의해 1867년 조인되어 알래스카에 있는 러시아 아메리카 회사 공민권을 러시아로부터 미국 정부가 매입할 때까지는 이곳은 소련 영토에 속했다.

알래스카를 매입한 가격은 그 당시 7백 2십만 달러였다. 1900년까지만 해도 알래스카는 수많은 사람들이 황금의 기회를 노리고 금광을 찾아 몰려드는 황금의 땅이기도 했다.

황금의 돌풍이 지난 후에도 그들은 알래스카에 정착해 어업을 주요 산업으로 개발했다. 1912년, 알래스카가 완전히 미국의 영토가 되고 난 다음부터 극적인 변화가 왔는데 특히 광물, 수산업, 임업, 석유산업과 그리고 천연가스 등 모든 천연자원개발에 눈부신 발전이 계속되었다.

제2차 세계대전$^{1939\sim1945}$ 당시 알래스카의 육지와 작은 섬들로 연결된 맨 끝자락에 붙어 있어서 거의 태평양 한가운데 위치한 Dutch 섬이 일본의 공격을 받은 후 Atta와 Kista 섬들은 이미 일본의 점령 하에 있었기에 알래스카는 전략상 중요한 기지로 급부상했으며 특별히 공군기지가 방대하게 건설되었다.

1940년과 1950년 사이 이민자들이 알래스카로 많이 유입되어 미국연방주로 승격되는데 크게 기여를 하게 되었다. 그리고 1959년 1월 3일 미국 연방 49번째 주로 승인이 되었으며, 충분한 재정 덕분에 자체적으로 운영이 되고 있는 부자 주라고 할 수 있다.

_ 알래스카의 웅장한 설경

　오늘의 알래스카는 모피를 얻기 위한 사냥꾼들, 전통적인 바다 표유류 동물 사냥꾼들과 개썰매 팀을 이끄는 옛 모습과 함께 현대 통신망으로 세계와 연결하는 현대 도시가 함께 공존하고 있다.

　알래스카는 기후 조건은 각기 다른 네 가지 - 해양성 기후, 대륙성 기후, 변동성 기후, 북극성 기후를 보이고 있다.

　위도가 높은 북쪽은 여름과 겨울의 낮의 길이가 미국의 다른 지역과는 판이하게 다르다. 북극 해안에는 늦은 11월부터 늦은 1월까지 해가 보이

　　　　　　　　　　　　　　　　알래스카에서 만난 하느님

지 않는다. 한편 이른 5월부터 이른 8월까지 여름철에는 마치 노르웨이나 스웨덴과 같은 백야현상으로 밤중까지 해가 있어 낮의 길이가 가장 길다.

알래스카 면적의 34%는 울창한 산림으로 뒤덮여 있고 흑곰, 백곰, 검은 꼬리를 가진 노루, 산양, 붉은 여우, 늑대, 해리 등과 같은 야생동물이 살고 있다. 바다 해안을 따라서는 바다사자, 바다수달, 물개와 여러 종류의 고래들이 있으며 해역에는 광어, 청어, 대구, 게와 새우들이 많이 잡힌다.

특히 바다 하구 깨끗한 개울물에 함께 사는 여러 종류의 연어가 유명하다. 북극 해빙에는 북극곰, 바다코끼리와 바다표범들이 서식하고 있으며 거대한 고래들이 많다.

1950년 초엽부터 알래스카 주 재정의 주된 수입원은 관광이었다. 관광객들은 최적의 휴가지로 알래스카를 찾는다. 알래스카를 찾는 관광객들이 뿌리는 돈만 해도 연간 13억 달러나 된다.

지난 수십 년 동안 지속해 온 국립공원 개발과 광고로 알래스카를 찾는 관광객이 극적으로 증가했다. 단체 관광객들은 배, 버스, 비행기를 이용하며, 가족 단위 또는 개인은 자동차나 대형이동주택으로 알래스카의 방대한 황야를 경험하기 위해 이곳을 찾고 있다. ❀

# 밴쿠버에서 출항하는 알래스카 행 유람선

Holland America Line에 속한 Statendam 유람선으로부터 2007년 6월 17일(일) 밴쿠버에서 출항해 알래스카 태평양 연안 항구도시를 거쳐 7월 1일(일) 캐나다 밴쿠버로 돌아오는 유람선의 지도 신부로 정식 채택되었다는 이메일을 2007년 1월 28일(일)에 받았다.

지구촌 최북단에 있는 북극지방의 수천 년 동안 녹지 않은 빙하와 빙산, 그리고 오염되지 않은 천연자원으로 이루어져 있는 알래스카의 이모저모를 경험할 수 있는 기회가 온 것 자체가 나를 무척 설레게 했다.

나는 특수한 경우를 제외하고는 비행기보다 직접 차를 몰고 가는 것을 좋아한다. 비행기를 타면 불과 몇 시간 내로 미국 전역 어느 곳이든 갈 수 있지만 너무나 단조롭고 무미건조하기 때문이다. 높은 상공에 떠서 고속으로 직행하다가 목적지에 가서 육지에 내려앉는 비행기에서는 아무 볼거리가 없어 무척 지루하다.

반면에 차를 몰고 가면 잘 뻗은 고속도로를 고속으로 달리는 쾌감으로 마냥 즐겁다. 미국에서는 가도 가도 끝없는 고속도로를 달리며 넓고 넓은 들판, 메마른 사막, 아름다운 호수, 푸르디푸른 바다, 울창한 산림과 광대한 농경지 등 볼거리가 너무나 많다.

이러한 볼거리들은 창조주의 신비스러운 작품들이기에 눈에 보이는 모든 경관이 좋은 묵상거리가 된다. 어차피 평생 살아야 하는 미국을 좀 더 바르게 이해하는데도 자동차 여행이 비행기 여행보다 훨씬 도움이 된다.

이러한 이유 때문에 나는 혼자서 세 차례나 미국 대륙을 횡단해 본 경험이 있으며 두 번의 미국 대륙 횡단 여행기를 모아 《나의 기행문》이라는 책을 펴내기도 했다.

미 대륙 1차 횡단은 1990년 3월 14일에 자동차로 출발, 미국 중부내륙지방 8,578mile[13,724km]을 혼자 운전해 6월 13일에 돌아오는 일정이었다. 2차는 2004년 3월 14일에 출발, 미 대륙 최외곽 12,682mile[20,291km]을 역시 혼자 운전하면서 공처럼 미국을 한 바퀴 돌고 5월 17일에 돌아왔다. 그리고 3차는 2010년 2월 17일에 출발해 미 대륙 최남단과 중남부를 거쳐 역시 혼자 7,483mile[11,972.8km]을 운전해 3월 16일에 돌아오는 일정이었다.

그렇지만 사실은 혼자가 아니었다. 내가 가장 사랑하는 나의 주님과 함께 횡단한 것이었으니 말이다. 기나긴 미국 횡단을 주님과 하면서 느낀 감동, 감명, 영감은 말로 다 할 수 없다.

생명이 위태로웠던 일들도 숱하게 많았다. 주님이 창조하신 아름다운

_ 캐나다 밴쿠버 영국 여왕 엘리사벳 공원

자연의 이모저모를 묵상한다는 것은 주님과의 관계를 더욱 깊게 하는데 참으로 좋은 기회였다. 인간이 일구어 놓은 도시들의 경관을 보고 느끼며 주님의 영광을 찬미할 수 있는 것도 자동차 여행을 통해 가능한 일이라 생각한다.

　이번에도 나는 차를 몰고 밴쿠버까지 가기로 결심하고 밴쿠버에 있는 옛 교우들에게 연락을 했다. 유람선을 타기 전에 밴쿠버에 계시는 옛 교우들을 만나 며칠간 시간을 보내기 위해 유람선 출발 사흘 전 2007년 6월

알래스카에서 만난 하느님

13일, 집에서 출발하기로 일정을 잡았다.

6월 13일(수) 4시에 잠자리에서 일어난 나는 간밤에 준비한 가방에 빠진 것이 없는지 다시 점검을 하고 4시 30분에 사제관 소성당에서 미사를 봉헌했다. 이번 유람선 여행도 주님이 나의 유일한 동반자로 함께 가셔야 하기에 미사 때 성체 안에 계시는 구체적인 예수님을 통해 여행에 필요한 지혜, 체력 그리고 용기를 주시기를 바라면서 이번 여행도 즐겁고 만족한 여행이 되도록 주님께 부탁드렸다.

차를 몰고 밴쿠버로 출발하는 순간부터 밴쿠버까지 운전을 하는 동안 볼 수 있는 자연의 경관을 주님과 함께 즐기도록 도와주시길 기도하며 미사를 봉헌했다. 그리고 사제관 식당에서 아침을 먹고 6시 5분 사제관을 출발했다.

구름 한 점 없는 깨끗하고 포근한 전형적인 늦은 봄 날씨. 차를 몰고 고속도로를 달리기에는 더없이 좋은 기상조건이다. 샌프란시스코에서 밴쿠버까지는 911mile$^{1,457.6km}$이다. 시간당 평균 70mile씩 운전을 한다 하더라도 13시간~14시간 정도 걸린다.

가다가 점심을 먹고 주유소에서 기름을 넣고 만약에 교통체증의 경우까지 감안한다면 3시간~4시간을 추가로 계산해야 한다. 일단 가는 데까지 가다가 1박을 하고 가면 무리가 없이 밴쿠버에 도착하리라.

Bay 브리지를 지나 80번 국도로 약 1시간 정도 고속 운전을 즐기며 가다보니 벌써 캘리포니아 주의 수도인 새크라멘토까지 왔다. 여기서 국도

5번 북쪽 방향을 향해 일직선으로 뚫린 고속도로를 계속 고속으로 운전하다 보면 순간 세상만사를 다 잊어버릴 정도로 즐겁기만 하다.

캘리포니아 주와 오리건 주가 만나는 주 경계지점인 캘리포니아 주 최북단에 있는 이레카 지역까지 오니 12시. 거의 6시간 동안 운전을 한 셈이다.

잘 포장된 넓은 고속도로를 운전하며 시야에 들어오는 자연의 아름다운 경관을 통해 동반자이신 주님의 모습을 간접적으로 체험하는 것도 주님과의 관계를 더욱 새롭게 하는 좋은 묵상이 된다.

이레카에서 점심을 먹고 오리건 주와 워싱턴 주의 경계를 이루는, 워싱턴 주에 속해 있는 작은 도시 밴쿠버까지 왔을 때 이미 시간은 오후 7시 20분경이었다. 13시간 정도 운전을 한 셈이다.

내가 가야 하는 목적지인 캐나다 밴쿠버까지는 약 260mile^{416km}에 불과한 거리지만 워싱턴 주 밴쿠버에서 1박을 하기로 생각을 굳히고 숙박소를 살피는데, 마침 고속도로 주변에 Value 모텔 간판이 눈에 들어와 그곳에서 하루 묵기로 했다. ✺

알래스카에서 만난 하느님

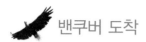 밴쿠버 도착

　　13시간 동안 운전해 오후 7시 30분경에 워싱턴 주 밴쿠버에 도착했는데도 전혀 피곤을 못 느낄 정도로 몸에 아무런 이상이 없다. 하루 머물 Value 모텔에 방을 예약하고 근처 Danny's 식당에서 저녁을 먹었다.

　　모텔로 돌아오니 밤 9시 30분경이다. 동반하고 계시는 주님께 감사의 기도를 바치고 잠자리에 들자마자 잠이 들었다.

　　잠을 깨니 새벽 6시. 8시간 동안 푹 잠을 잤더니 몸이 가볍고 기분이 상쾌하다. 모텔 밖으로 나가 30분 정도 주변을 걸었다. 이른 아침이라 차갑긴 하지만 구름 한 점 없이 맑고 깨끗한 날씨다. 바람조차 없는 조용한 아침의 신선한 공기를 마시며 걷는 것이 온종일 운전해야 하는 나의 신심에 크나큰 활기를 주는 것 같았다.

　　모텔 방으로 들어온 나는 아침기도를 바쳤다. 13시간이나 운전을 했는데도 전혀 피곤하지 않도록 영육의 건강을 주신 우리 주님께 깊은 감사를 드리며 '오늘도 캐나다 밴쿠버에 무사히 잘 도착하도록 도와주십시오' 하고 기도를 바쳤다.

물건들을 챙겨 다시 차에 싣고 아침을 먹기 위해 차를 몰고 Peach Tree 라는 식당 간판을 보고 찾아갔다. 캐나다 밴쿠버에 사는 교우의 집까지 가는 데는 충분한 시간이 있기에 시간의 구애를 받으면서 서둘러 아침을 먹을 필요가 없었다.

나는 지방 일간신문을 보며 아침식사를 든든하게 먹은 후 식당을 나와 30불을 주고 차에 기름을 가득 채웠다. 내가 사는 샌프란시스코 Bay 지역에 비하면 기름 값이 Gallon당 적어도 60센트~70센트 정도가 더 싸다.

모텔로 돌아온 나는 방에 빠진 것이 없는지 방을 잘 살펴본 후 9시 30분경에 출발했다. 그리고 워싱턴 주 시애틀에 도착하니 낮 12시가 다 되었다. 오후 1시 20분경 국도 5번 고속도로 변에 있는, 캐나다 국경과 가까운 Vermont 지역 Danny's식당에서 점심을 먹었다. 차에 기름을 다시 가득 채우고 차를 몰아 미국과 캐나다 국경에 오니 오후 3시 30분이다.

국경 근처 도로에는 국경 통과를 위해 차량들이 두 줄로 길게 늘어서서 통과를 기다리고 있다. 캐나다 밴쿠버에 살 때 나는 시애틀에 사는 신자들의 고백성사를 위해 자주 왔다 갔다 했는데 그 때는 미국과 캐나다 국경을 아무런 문제없이 넘나들었다.

2001년 9월 11일, 이슬람 극단주의자들의 비행기 납치 폭파로 인해 뉴욕 세계무역센터 쌍둥이 건물이 완전히 붕괴된 후부터는 이처럼 미국 전역에서 비상경계를 늦추지 않고 있다.

　　　알래스카에서 만난 하느님

특히 국경을 넘나드는 경우에는 검문검색이 대단히 까다롭다. 조금이라도 수상하게 보이면 여권이며 운전면허, 차 내부와 차 트렁크를 열고 철저히 조사한다. 혹시 무기나 폭발물이 숨겨 있는지 여기저기 조사하다 보니 시간이 엄청나게 걸린다.

구름 한 점 없는 해맑고 따뜻한 봄 날씨인데다 태평양 연안도로에 차량 행렬이 길게 늘어서 있으니 지루하다. 사람들은 아예 차에서 내려 해변에 아름답게 가꾸어 놓은 잔디 위를 거닐며 휴식을 취하기도 한다. 운전석에 앉아 한없이 푸르고 넓은 서태평양을 바라보는 것도 지루함을 달래는 데 한 몫을 크게 한다.

국경 경계 때문에 진입하는 고속도로 선상에서 약 1시간 이상 정체한 후 드디어 국경 세관 검문소를 통과하는 차례가 왔다. 나는 미국 여권과 유람선 지도 신부 자격증을 검문 경찰에게 제시했다. 운전석에 앉은 나를 이리저리 몇 차례 훑어보더니 며칠간 밴쿠버에 머물며, 유람선은 언제 타며, 언제 미국으로 돌아오는지 꼬치꼬치 묻는다.

일일이 대답했더니 여권과 유람선 ID카드를 돌려준다. 4분도 채 걸리지 않고 아무런 어려움 없이 캐나다 국경을 통과했다. 전 세계를 깊은 충격으로 몰아넣은 천인공노 할 이슬람 극단주의 테러 공격의 후유증을 실감하게 된다.

오후 3시 30분경 미국 국경을 통과한 후 밴쿠버로 들어서기까지 약 40분 정도 고속 운전을 하며 주변 환경을 바라보았다. 밴쿠버를 8년 만에 찾아온 나로서는 즐거운 순간이었다.

교우 안 형제에게 휴대용 전화로 길 안내를 받으며 오후 4시 40분쯤 며칠 머무를 안 형제 집에 도착했다. 안 형제는 고급 주택들이 들어선 조용하고 수목이 우거진 아름다운 지역에 살고 있었다.

듣지 않아도 이 모든 것들이 이 분들이 열심히 일한 결과라는 짐작이 간다. 안 형제의 집은 그분의 아이디어로 새로 짓다시피 개조한 2층으로 된 고급 주택이다. 참으로 오랜만에 만나는 분이지만, 21년 전의 모습과 큰 변화가 없을 정도로 건강해 보인다.

안 형제 부부는 내가 1986년 밴쿠버를 떠나기 전 부활절 때 나에게 영세를 받았는데, 본명은 안토니오와 마리아다. 힘들고 어려운 이민 생활 중에도 자녀 교육이라면 어떠한 수고와 희생도 감수해 온 분들이다. 열과 성을 다하는 한국 부모의 정성은 세계에서 단연 1등으로 금메달 감이다.

안 형제의 두 딸은 캐나다 명문대학교를 졸업한 후 맏딸은 검사가 되었고, 둘째 딸은 대학 교수라고 한다. 자녀를 향한 부모의 아낌없는 희생이 이렇게 장한 열매를 맺었다. 아름다운 본보기임에 틀림없다. ✿

 유람선 Statendam

오후 5시경 안 형제 집에 도착해 21년이라는 오랜 세월 동안 어떻게 지내왔는지 이야기를 서로 주고받다 보니 2시간이 금방 흘렀다.

저녁을 먹고 Statendam 유람선이 정박한 장소를 확인하기 위해 안 형제와 함께 밴쿠버 부두에 갔다. 5년 동안 밴쿠버에 머물 때 여러 차례 보았던 야경이었지만, 오랜만에 다시 보니 더 아름답게 느껴졌다.

우리는 부두에 정박하고 있는 Statendam 유람선을 눈으로 확인했다. 거대한 유람선은 머나먼 알래스카 항해를 떠나기 위해 휴식이라도 취하고 있는 것처럼 깊이 잠들어 있는 것 같았다.

그리고 3박 4일 동안 밴쿠버에 머물며 여러 교우들을 만났다. 함께 식사도 하고, 지금껏 잊히지 않는 추억 속의 이모저모를 되새기며 즐거운 시간을 보냈다.

내가 밴쿠버를 떠난 1986년까지만 해도 밴쿠버에 살고 있는 한국 사람은 약 5,000명에 불과했다. 그런데 20년이 지난 지금 그 수는 10배 이상

늘었고, 밴쿠버 시 외곽지대에 화려한 한인 타운도 조성되어 있었다.

한인 타운 중심 도로 옆에는 태극마크를 새겨 넣은 깃발들이 줄지어 거리를 장식하고 있었다. 커다란 광고판과 상가들의 간판이 다 한글로 되어 있으니, 한국 땅을 밟고 있는 듯한 기분이 들었다. 한국 성당도 넓은 대지에 새로이 건립되어, 신자 수가 8~9천 명 정도 되는 큰 성당으로 성장해 있었다.

1990년대 초, 비자가 없어도 캐나다 입국이 허용된 후부터 수많은 한국 사람들이 캐나다를 찾게 되었다. 그 중에서도 특히 세계적인 미항이며 기후가 좋은 밴쿠버로 많이 몰려왔다.

매일 걷는 게 습관인 나는 주로 점심을 먹은 후 즉시 걷는다. 그런데 이렇게 여행을 다닐 때는 낮에 걸을 수 있는 기회를 갖기가 쉽지 않다. 그래서 이럴 때는 이른 아침에 주로 걷는다. 매일 걷는 습관이 30년이나 되다 보니 어디를 가든지 걷는데 편리한 운동화와 옷차림 은 반드시 챙겨 다닌다.

그날도 이른 새벽에 걸으려고 나서는데 안 마리아 자매도 아침마다 걷는다고 했다. 우리는 울창한 숲으로 뒤덮인 콜럼버스 주립대학교 주변의 넓고 아름다운 공원을 함께 걸었다.

방대한 공원 안에는 휴식 공간들이 많았다. 그리고 사람들이 걷고 조깅할 수 있는 오솔길이 이리 저리 사방으로 연결되어 있었다. 공원은 너무 넓고 수목이 울창하게 우거져 있어서 나처럼 처음 온 사람은 공원 출구를 쉽게 찾아 나오기가 어려울 정도였다. 함께 걷는 사람이 없었다면 큰일

알래스카에서 만난 하느님

날 뻔 했다.

6월 17일(일) 아침에도 일찍 일어나서 아침기도로 주일을 대신하고 부슬비가 오는데도 마리아 씨와 공원을 약 한 시간 정도 걸었다. 그날은 유람선을 타는 날이다.

아침식사를 하고, 여행하는 동안 꼭 필요할만한 물건을 챙겼다. 알래스카 행 유람선이 7월 1일(월)에 밴쿠버로 다시 돌아오면 밴쿠버에서 3박 4일 더 머물다가 샌프란시스코로 돌아갈 계획이다.

밴쿠버에서 사목을 할 때 성당 일을 잘 도와 주셨던 교우 부부가 9시 30분경에 왔다. 그분들이 유람선이 정박해 있는 거대한 종합빌딩 Canada Place에 나를 데려다 줄 예정이었다.

빌딩 안 뷔페식당은 함께 점심식사를 하고 있는 식당 손님들로 초만원이었다. 대부분이 나와 함께 유람선을 탈 관광객들이었다. 그러는 사이 유람선 입장이 벌써 시작되었다.

유람선 입장을 위해 캐나다 세관을 거쳐 검색대를 지나 차례를 기다리고 있는데, 유람선 승무원으로 보이는 젊은 아가씨가 가까이 오더니 '당신이 유람선 지도 신부님이냐?' 고 묻는다. 그렇다고 하니, 유람선 안으로 곧장 입장시켜 주었다.

Celebrity 유람선 회사에 속한 Millennium 호를 타고 2006년 5월 26일 이태리 베니스에서 출발해 스페인 바르셀로나에 6월 7일 도착하는 유람선 지도 신부로 사목을 한 지 만 1년 10일 만에 처음 타는 유람선이다.

오늘 떠날 유람선은 1992년 Holland에서 건조되었다고 한다. 길이는 216m, 무게는 55,451t이며 높이는 7.8m로 1,266명의 유람객을 태울 수 있다. 대형 영화관이 두 개, 대형 식당이 두 개, 승강장이 여덟 개, 정구장, 농구장, 간이식당 열두 개, 수영장, 미장원과 이발소, 세탁소, 은행, 도서관, 전산실, 도박장 등등 필요한 모든 시설이 고루고루 다 갖추어진 호화로운 유람선이다.

승무원의 안내를 받으며 유람선 안으로 입장한 나는 곧장 유람선 접수 창구로 갔다. 두 번의 유람선 승선 경험이 있으므로 처음처럼 당황하지는 않았다. 접수처로 가서 유람선 지도 신부로서의 신원을 확인 받은 후 방 열쇠를 받았다.

방 또한 어렵지 않게 찾았다. 유람선마다 지도 신부 방이 다 다르지만 기본적인 조건은 거의 비슷하다. 가방에 든 사물들을 일단 선반과 욕실 등 필요한 자리에 정돈한 뒤 침대에 잠시 누워 이미 방에 배달된 그날의 일지를 살펴보고 있는데, 갑자기 요란한 사이렌 소리가 울린다.

요란하게 들리는 사이렌 소리에 깜짝 놀란 나는 영문도 모르는 채 허겁지겁 침대에서 일어났다. 방문을 여는 순간, 구명조끼를 입고 우르르 뛰어가는 사람들로 좁은 복도가 분주하다. ☸

알래스카에서 만난 하느님

 구명조끼를 입은 유람객들

　　방 옷장 선반 위에 있는 구명조끼를 급히 입고 복도로 나갔다. 사
람들이 2층 승강기 앞으로 뛰어가기에 나도 그 뒤를 따라 가보니 승강기
주변이 북새통이었다. 구명조끼를 입은 유람객들이 6층으로 가기 위해 승
강기 주변으로 한꺼번에 모여 들었기 때문이다.

　　오르내리는 승강기가 복도 양편에 두 대씩, 도합 네 대가 있지만 마음
이 다급한 사람들은 아래위로 통하는 복도와 계단을 이용해 재빨리 이동
했다. 2~3분이 지났을까. 양쪽 승강기가 다시 도착해 나도 승강기를 탈
수 있게 되었다. 그런데 승강기가 올라가기 시작하자, 팔십이 넘어 보이
는 노인 한 분이 갑작스레 의식을 잃고 승강기 안에서 쓰러졌다.

　　승강기에 탄 사람들이 어리둥절해 있는 순간, 쓰러지는 노인을 내가 양
팔로 안았다. 주의 기도와 성모송을 암송하면서 환자의 무사함을 위해 기
도하는 중에 6층 승강기 문이 열렸다.

　　마침 구명 훈련 집결 장소를 안내하기 위해 승무원이 승강기 문 앞에

서 있었다. 승무원이 응급 환자를 관리하는 의사에게 곧바로 전화연락을 했다. 그러자 불과 3~4분도 못 되어 의사와 기골이 장대한 남자 간호사 두 명이 환자를 운반할 들것을 가지고 달려왔다.

의사가 그 자리에서 청진기로 환자의 상태를 살피고 있는 사이, 다행스럽게도 환자가 의식을 회복했는지 실눈을 떴다. 나는 주님께 감사를 드린 후 의사에게 '나도 환자와 함께 가야 되느냐?'고 물었다.

의사는 환자가 서서히 깨어나고 있으니 신부님은 구조 훈련장에 가셔도 된다고 한다. 안도의 한숨을 내쉬며 사람들이 모여 훈련을 하고 있는 곳을 향해 뛰어갔다.

유람선 6층 외곽, 바다가 확 트인 넓은 갑판 위에 사람들이 다 모여 있었다. 구명조끼를 입은 유람객들이 다섯 줄 횡대로 길게 서 있기에 나도 그 대열에 합류했다. 남녀노소 할 것 없이 모두가 다 노란 구명조끼를 입고 넓은 갑판 위에 질서정연하게 늘어서 있는 모습은 육지에서는 볼 수 없는 진풍경이다.

이미 밴쿠버 항을 출발한 유람선은 알래스카를 향해 나아가고 있었다. 밴쿠버에서 취한 긴 휴식 덕분일까? 강하게 불어 닥치는 바닷바람과 시커먼 먹장구름이 항해를 거세게 방해하는데도, 유람선은 두려워하는 기색 없이 힘차게 나아가고 있다.

구명훈련은, 항해 도중 배가 조난을 당하거나 좌초되었을 때를 대비해 실시하는 훈련이다. 실제 상황이 아닌 훈련에 동참하는 것은 참으로 귀찮은 일이다. 그런데도 모든 승객이 아무런 불평이나 거부반응 없이 유람선 내규대로 훈련을 받고 있다. 몸에 밴 그들의 준법정신 덕분일까? 능동적 이면서도 기쁘게 훈련에 참여하는 그들의 모습이 한층 돋보였다.

유람선 선상 구명훈련이 내게는 세 번째이다. 유람선 지도 신부로 승선한 경험이 두 번 있었기 때문이다. 그 덕분에 이번에는 다른 사람의 도움 없이 구명조끼를 혼자서 쉽게 입을 수 있었다. 첫 훈련 때 구명조끼를 입는 것이 서툴러 당황했던 기억이 났다.

유람선 선객 중의 약 90%가 미국에서 온 것 같다. 8% 정도는 캐나다와 유럽 등지에서, 그리고 나머지 2% 정도는 중국이나 필리핀 등지에서 왔는데, 한국 사람은 한 분도 없는 듯하다.

훈련을 받으면서도 의식을 잃고 쓰러졌던 환자의 회복상태가 어떤지 염려가 되었다. 나름대로 주님께 환자의 빠른 회복을 부탁드렸다.

훈련에 소요되는 시간은 30분 안팎으로 무엇보다 구명조끼를 입고 훈련 장소에 나오는 것이 이 훈련의 주목적이라고 한다. 한 곳에 모인 승객들의 인원을 파악한 후 간단한 주의사항을 듣고 바로 끝났다.

훈련이 끝나니 벌써 5시다. 나는 허겁지겁 방으로 돌아와 옷을 갈아입고 미사를 드릴 장소인 소형극장으로 달려갔다. 5시 미사 시간에 벌써 20분이 늦은 것이다.

헐레벌떡 뛰어가니, 구명조끼를 입은 약 70여 명쯤 되는 사람들의 시선이 소극장 무대 위에서 손동작 언어로 말하는 강사에게 집중되어 있다.

청각장애가 있는 승객들이었다. 유람선이 조난을 당했을 때 어떻게 대처해야 하는지, 구명조끼 입는 방법을 청각장애인들에게 손동작 언어로 알려드리고 있는 중이라고 한다.

청각장애인 승객들에게 유람선이 조난당했을 때 어떻게 대처해야 하는지 가르치고 있는 광경을 나는 처음 보았다. 전에는 청각장애가 있는 승객들이 배에 타고 있는지조차 몰랐다.

이 프로그램이 끝나지 않아 미사 시간이 거의 1시간 20분 정도 늦어졌다. 많은 사람들이 미사 시간인 5시에 왔다가 구명조끼를 입은 청각장애 승객들이 모여 있는 것을 보고는 미사에 참례하는 것을 포기한 채 대부분 돌아가 버렸다.

청각장애인 조난 교육이 끝나자마자 '피터'라는 승무원이 부랴부랴 미사 준비를 해 미사를 시작하게 되었다. 미사에 참석하려고 왔다가 되돌아간 후 다시 찾아온 사람들이 그래도 60명쯤 되는 것 같았다.

'미사 참례 교우가 없는 미사를 혼자 봉헌하는 수밖에 없겠구나!' 하고 생각하고 있던 나는, 늦게까지 기다리다가 미사에 참석한 교우들이 너무나 고마웠다. ❀

# 1시간 이상 늦어진 미사

예상을 깨고 미사 참례자의 숫자는 60명에 가까웠다. 유람여행을 즐기기 위해 많은 경비를 지불하고 유람선에 오른 분들이다. 1시간 이상 미사 시간이 늦어졌는데도 자신의 신앙을 최우선으로 생각하므로 불평한 마디 하지 않고 미사에 참석한 것이다. 착하고 순한 어린 양처럼 미사에 참석한 교우들의 모습이 자랑스러웠다.

오늘 일지에도 예고되지 않은 청각 장애인을 위한 행사 때문에 미사가 한 시간 이상 늦었는데도, 그러한 사정을 충분히 이해하고 미사에 참석한 것이다. 그렇게 할 수 있었던 것은 그분들의 깊고 강한 신앙심 덕분이라는 생각이 들었다.

'신앙 안에 함께 계시는 우리 주 예수님은 여러분의 이처럼 아름다운 신앙 덕분에 주님이 겪은 십자가상의 고통을 무한히 위로받고 계실 것이 분명하다. 알래스카를 향해 거칠고 험한 파도를 헤치며 빠른 속도로 달리고 있는 유람선 선상에서 유람여행의 첫 미사를 여러분을 위해 봉헌하게 되는 신부로서 한없이 감격스럽고, 벅찬 기쁨을 느끼게 된다. 이 미사를 오로지 여러분을 위해 봉헌하겠다' 는 인사말을 하고 미사를 시작했다.

참석한 교우들 중에서 한 분이 자진해서 복사미사 중에 제대 위에서 사제를 돕는 이, 혹은 그 역할. 평소에는 대개 어린 학생이나 신학생이 그 일을 맡는다를 하겠다고 했고, 독서미사 중에 그 날의 성경을 읽는 일를 하겠다는 분도 계셨다. 복음 낭독이 끝나고 나는 짧게 강론을 했다.

예수님을 알고 예수님을 주님으로 믿는 우리는 참으로 다행이며, 행복한 사람들이라고 생각한다. 예수님은 우리 인간 조건을 각자 자신이 아는 것보다 더 깊고 자상하게 알고 계시기에, 우리가 예수님을 믿는다는 것 자체가 영광이요 행복인 것이다.

전지전능하신 하느님의 신적神的인 조건을 가진 예수님이 우리와 똑같은 인간이 되셨다는 점이 무엇보다 큰 축복이다. 예수님을 믿는 우리에게 이 보다 더 큰 행복이 또 어디 있겠는가?

예수님은 우리와 같은 인간 조건을 가지셨기에 우리가 저마다 느끼는 인간적인 희로애락을 더 잘 알고 계신다. 이것이 우리가 한없이 위로를 받게 되는 이유이다. 이로 인해 인간적인 그 어떠한 역경도 감당할 수 있는 용기와 힘이 각자의 영혼 밑바닥에서 샘물처럼 솟아오르게 된다.

매일 경험하게 되는 인간적인 고통을 예수님이 십자가에서 감내하신 고통의 신비에 동참시키면, 예수님이 십자가 위에서의 죽음을 통해 얻어내신 영광의 신비인 부활에 동참하게 되는 것이다.

　　　　　　　　　　　　　　　알래스카에서 만난 하느님

여행을 즐기기 위해 유람선을 타고 알래스카를 향해 가고 있지만, 여행 중에 경험하는 기쁨과 즐거움을 혼자 누리지 말고 언제 어디서나 여러분과 함께 계시는 주님과 나누시길 바란다. 그렇게 하면 어떠한 기쁨도 몇 갑절 더 진하게 경험할 수 있게 될 것이라고 믿는다.

여러분들이 즐겁고 보람 있는 유람여행이 되도록 열심히 기도하겠으니 여러분은 안심하고 여행을 마음껏 즐기시길 바란다. 오늘의 경험을 통해 나는 여러분의 신앙이 얼마나 강하고 위대한지 충분히 알게 되었다.

위와 같이 간단히 강론을 했다. 성찬의 전례가 끝날 무렵 두 사람의 자원봉사자들이 나와줘서 함께 성체분배를 했다. 미사 시간은 예정보다 한 시간 이상 늦었지만 미사에 참석한 신자들은 한결같이 은혜로운 미사 분위기를 경험했다며 서로 이야기를 주고받았다.

교우들과 인사를 나누고 방으로 돌아온 나는 가벼운 옷차림으로 유람선 6층에서 갑판을 빠른 속도로 약 여덟 바퀴 정도 걸었다. 먹구름이 금방 소낙비라도 쏟아 부을 듯이 하늘을 뒤덮고 있는 험상궂은 날씨였다. 그러나 우리가 탄 거대한 유람선은 거침없는 항해를 계속하고 있었다.

새카만 먹구름으로 사방이 캄캄한 이른 초저녁, 나무가 울창한 작은 섬들 사이사이를 재치 있게 빠져 나가는 육중한 유람선 위에서 걷는 느낌이 새롭다. 나무가 빽빽하게 우거진 작은 섬들이 시야에 어렴풋이 들어온다. 참으로 이색적이다.

알래스카로 향하는 유람선을 타지 않고서는 이러한 풍경을 어디서 볼 수 있겠는가. 시야에 들어오는 희미한 자연경관을 나름대로 음미해 본다. 비를 뿌리는 세찬 바람을 안고 빠른 걸음으로 유람선 위를 걷는 경험은 이번이 처음이다.

짙은 어둠을 헤치며 유람선은 쏜살같이 달리고 있다. 전광 등을 제외하고는 사방이 캄캄하다. 울창한 나무로 뒤덮인 작은 섬들 사이를 지나가니, 손을 뻗으면 나무가 마치 손에 닿을 듯이 섬들이 가깝게 느껴진다. 수많은 승객들을 등에 업고 밴쿠버를 출발해 지척이 보이지 않는 캄캄한 캐나다 바닷길을 항해하는 유람선의 우직한 자태가 믿음직스럽다.

사정없이 불어대는 차가운 강풍을 안고 홀로 걸으며 명암이 진하게 엇갈리는 인간 삶의 이모저모를 생각해본다. 어두운 바닷길을 달려가는 유람선 위에서 홀로 산책을 하다 보니 여러 가지 생각이 머리에 떠오른다. 길고 힘겨운 삶의 여정에 숨겨진 인간 고뇌의 수많은 면면을 사색하는 귀한 시간이었다. ☸

 두 번 먹은 저녁식사

매일 부닥치는 피할 수 없는 여러 유형의 고뇌들은 인간을 지혜롭게 만드는데 필요한 수련 도구와도 같다. 그러한 수련은 어떠한 역경에서도 살아남을 수 있도록 인간을 단련시킨다.

칠흑 속에서 사나운 밤바다 물결을 힘차게 헤쳐 나아가는 유람선 주변을 아무런 두려움 없이 걷는 것이 값지게 느껴진다. 나의 인간적인 조건을 가늠해보는 좋은 기회이기도 하다. 인간 삶의 질을 짓밟는 무수한 우여곡절을 어떻게 관리하며 지혜롭게 받아들이느냐에 따라 영육간의 건강에 약이 될 수도 있고 해가 되기도 할 것이다.

짙게 깔린 어둠 속을 힘차게 달리는 유람선. 더 걷고 싶지만 시간을 보니 이미 저녁식사 시간이다. 거의 열 바퀴를 걸었지만 차가운 강풍 때문에 땀이 나지 않아 샤워를 할 필요가 없다.

시장하지만 정찬을 제대로 먹기에는 아직 한 시간쯤 더 기다려야 한다. 몇 차례 유람선을 타 본 경험 덕분에 나름대로 요령이 생긴 터라 아예 뷔페식당으로 갔다. 뷔페식당은 이른 아침부터 밤늦게까지 문을 연다.

뷔페식당은 늘 붐빈다. 따로 주문하고 기다릴 필요 없이 좋아하는 양질의 음식을 마음껏 골라 먹을 수가 있기 때문이다. 플라스틱 쟁반을 들고 음식 진열대를 한 바퀴 돌면서 음식을 고르는데, 이태리 음식인 Polenta 죽이 보인다. 눈이 크게 떠진다. 나는 Polenta 죽을 아주 좋아한다.

Polenta 죽의 요리법은 이렇다. 옥수수가루에다 적당한 양의 물을 넣고 약간 묽게 만든 후 버터와 우유, 그리고 소시지를 갈아 넣고 소금을 알맞게 넣어 강한 불에 오랫동안 끓인다. 물기가 거의 없이 뻑뻑하게 될 때까지 냄비 바닥에 눌어붙지 않도록 주걱으로 계속 저어 주어야 한다. 일종의 옥수수 죽이나 다름없는 이 죽을 이태리 사람들은 아주 좋아하는데, 내 입맛에도 잘 맞는다.

초저녁인데 뷔페식당 창문 밖의 바다는 새카만 먹물을 뒤집어 쓴 것 같다. 한치 앞도 볼 수 없을 만큼 캄캄한 한밤중이다. 뷔페 음식으로는 요기만 하고 정식 디너 식당으로 다시 가야 할 것 같다.

유람선에서는 많은 사람들이 저녁식사를 이중으로 하곤 한다. 8시 30분이 식사 시간인지라 그때까지 기다리는 것이 쉽지 않아 이른 저녁에 뷔페식당에서 요기를 먼저 하고 다시 정식 디너를 먹는 경우가 많다. 오늘 저녁에는 나도 그렇게 해야겠다.

나는 작은 사발에 Polenta 죽만 담아 와서 먹고, 정식 만찬을 하기 위해 8시 30분에 4층에 있는 식당으로 갔다. 식당 역시 입장하려고 늘어선 사

알래스카에서 만난 하느님

람들로 장사진을 이루고 있다. 승무원은 35번 식탁으로 나를 안내하며 오늘 저녁은 우선 이 식탁에서 먹되 내일 저녁부터는 정식으로 지도 신부가 앉을 식탁으로 안내를 하겠다고 한다.

일곱 명이 같은 식탁에 앉았다. South Carolina 주에서 온 60대 초반의 부부, North Carolina 주에서 온 50대쯤으로 보이는 부부, Montana 주에서 왔다고 하는 젊은 부부와 나를 포함해 일곱 명이다.

얼굴을 마주 대하고 보니 Scotland 혈통의 후손들인 것 같다. 세 부부는 여동생, 오빠, 그리고 남동생 형제 부부로, 미국 남부 침례교 교인들이다.

사제복으로 정장을 했으니 모두 내가 사제임을 쉽게 알고, 서로 인사를 나누었다. 그들은 밴쿠버에서 머무는 동안 Ferry호를 타고 Victoria까지 갔다 왔다고 한다. 밴쿠버에 처음 와 봤는데 너무나 아름답고 깨끗하며 무엇보다 공기와 물이 아주 좋다고 했다.

식탁 봉사자들이 번갈아 와서 음료수와 포도주, 그리고 음식 주문을 받았다. 함께 앉은 이들 부부들은 포도주나 술을 주문하지 않았다. 침례교 신자들이기에 술을 전혀 마시지 않는다고 하면서 나를 쳐다본다. 친구 가운데 가톨릭 신자가 있는데 술을 많이 먹고 사제들도 술을 먹는 것으로 알고 있다며 신부님은 술을 안 마시느냐고 묻는다. 질문하는 분의 부인은 또 이렇게 말한다.

"신부님이 포도주를 좋아하면 제가 신부님을 위해 포도주를 한 병 사겠습니다."

"호의는 대단히 감사합니다만, 나도 술을 전혀 못합니다."

이렇게 대답하자, 맞은편에 앉은 고지식하게 보이는 남자가 반문한다.

"신부님은 매일 미사를 드리면서 포도주를 마시는데 어떻게 포도주를 마시지 않습니까?"

별다른 의미 없이 던진 질문이겠지만 그리 반가운 질문은 아니다. 세상에는 자기들이 믿는 종교가 최고인양 남의 종교를 은근이 비방하고 헐뜯는 사람들이 있다. 그런데 그렇게 함으로써 남으로부터 인정받지 못하는 자기 믿음을 비호하고 심리적인 열등의식을 미화시키는 자가당착에 빠지는 수가 있다. 바로 이런 분들일 수도 있겠구나 싶었다. 그들이 상대방 종교를 평가절하 하는 것으로 자기 믿음의 우월함을 과시하려는 어리석은 자기모순에 빠져 있는 사람들처럼 보였다.

나는 말했다.

"미사를 봉헌할 때는 포도주를 사용할 수밖에 없지만, 아주 적은 양을 사용합니다. 그리고 미사 때 외에는 술을 한 방울도 마시지 않습니다." ✹

 식탁에 함께 앉은 침례교 신자

　　나를 제외한 여섯 분은 모두 침례교 신도들이며 함께 온 형제 가족들이다. 이들 형제 부부들은 가톨릭 사제와 한 식탁에서 저녁을 먹으면서 신앙 이야기를 하기를 원하는 것 같아 보였다. 자기들이 믿는 종교만이 예수 그리스도를 바르게 믿는 가장 올바른 종교라고 생각하는 것 같다.

　　그들은 다른 종교를 믿는 사람들과 대화를 나눌 정신적인 여유가 전혀 없어 보였다. 경색되고 폐쇄된 마음을 가진 이분들과 종교적인 대화를 한다면 결국 격한 논쟁으로 이어질 가능성이 많다.

　　자기 신앙에 지나치게 세뇌된 것처럼 보이는 이분들과 종교적인 대화를 이어 간다는 것은 내가 보기에 거의 불가능한 것 같다. 여기서 신앙 이야기를 계속하게 되면 시간을 낭비하게 된다. 그런데 그보다 더 큰 문제는 소모적인 논쟁 때문에 감정을 상하게 되는 것이다.

　　이 때문에 오늘은 종교적인 대화를 삼가는 것이 바람직하다고 생각했다. 안타깝게도 개신교 목회자들이 교단에서 신도들에게 가톨릭을 공공

연하게 비방한다는 이야기를 많이 들었다.

이에 영향을 받아서인지 가톨릭을 비방하고 헐뜯는 것을 본인의 신앙을 올바르게 지키는 유일한 방법처럼 여기는 개신교 신도들이 있다고 한다. 미국 남부 침례교단은 특히 가톨릭 종교를 싫어하고 비방하는 데 수위를 높이는 사람들로 알려져 있다. 그래서 나는 이 분들에게 간단한 제의를 했다.

"나는 여러분들이 믿고 있는 종교를 존경하며 내가 가진 종교적인 식견으로 여러분들의 믿음을 조금도 허술하게 대접하고 싶지 않습니다. 그렇지만 가톨릭 신부인 내가 생명을 바쳐 믿는 가톨릭 신앙에 관해 양보하고 타협하면서 여러분과 대화를 하리라는 기대는 하지 않기 바랍니다. 마찬가지로 내가 믿는 가톨릭 신앙에 여러분이 호감을 가지도록 나의 종교적인 지식과 구변으로 설득하고 싶은 생각도 없습니다. 일반적인 인생문제 또는 종교적인 관심사에 관해 서로 마음을 비우고 아무런 선입관 없이 대화를 나누기를 원한다면 나는 기쁘게 응하겠습니다. 남의 종교를 비방하고 헐뜯으면서 자기의 믿음을 상대에게 강요하거나 주입시키려는 상호 무례한 논쟁을 나는 싫어합니다."

이렇게 말하면서 화제를 유람선 여행으로 돌렸다. 그들은 천주교 신부와의 종교적인 격론을 통해 자신들의 신앙적인 보람을 다시 한 번 확인하려는 기대가 무너진 것 같다는 표정이다.

그리고 뒤이어 유람선 지도 신부로 1차, 2차 여행을 할 때 방을 찾느라 승강기를 몇 차례나 갈아타며 이리저리 헤맨 이야기를 하고 함께 웃었다. 그러자 옆에 앉은 분이 말했다. 밴쿠버에서 유람선을 탄 후 자기 방을 찾느라 승강기를 세 번 갈아탔다는 것이다. 자신이 방향감각이 둔하다는 사실을 이번 유람선에서 재차 확인했다며 나를 쳐다보았다.

"방향감각이 똑같이 둔한 사람이 함께 만나게 되어 서로 위로가 되네요" 하면서 말을 받았다. 그리고 둔한 방향감각 때문에 고생했던 이야기를 들려주었다.

"1990년 3월 13일, 샌프란시스코에서 홀로 차를 몰고 미국 중심부를 가로지르는 40번 국도를 타고 여러분들이 살고 있는 South Carolina와 North Carolina를 지난 적이 있습니다. 그리고 북동부 맨 끝을 연결하는 95번 국도로 뉴욕을 향해 가다가 출구를 잘못 나가 목적지인 뉴욕까지 가는 데 결국 열여섯 시간을 헤맨 적이 있습니다. 유람선에서도 나는 미사 드리는 장소며, 저녁식사를 하는 식당에 올때 처음에는 적어도 30분 내지 한 시간의 여유를 두고 출발하는데, 그 이유는 길을 잃고 헤매는 시간을 미리 계산하기 때문입니다."

식탁에 함께 자리한 가족 형제들 여섯 명이 이구동성으로, "유람선을 처음 타는데 너무 복잡하고 승강기가 여기저기 많아서 방을 찾는 데 한 번도 실수하지 않고 곧장 찾아가는 사람이 없을 것"이라며 방 찾기의 어려움을 털어 놓는다.

"신부님뿐만 아니라 처음 가는 길을 선뜻 잘 찾아가는 사람은 거의 없습니다"며 나의 둔한 방향감각을 일반화 시키려고 한다.

"유람선 여행이 처음인데 각종 조명으로 아름답게 장신된 유람선 식당에서 천주교 신부님과 한자리에 앉아 저녁 식사를 즐길 수 있는 것도 주님이 배려하신 은혜로운 기회라 생각합니다"라며 나를 약간 치켜세운다.

천주교 신부와 종교적인 논쟁을 통해 자기들의 믿음에 대한 기선을 잡아 보려는 계산이 무산되었다는 걸 그들이 알아차린 덕분이다. ✸

# 승무원들을 위한 미사

종교적인 논쟁을 일단 잠재우고 나니 마음이 한결 편안하다. 한 식탁에 앉은 이분들이 모두 친구나 다름없이 가깝게 느껴진다. 만나는 순간부터 준비나 한 듯 저돌적이고 무례한 종교적인 질문 때문에 불편해진 마음이 한결 평정을 찾게 되었다.

정식 저녁식사를 주문하기 전에 나오는 가벼운 음식을 먹은 후, 웨이트리스가 저녁 정식 음식을 식탁에 앉은 각자에게 주문 받았다. 나는 올리브유에 구운 칠면조 다리와 구운 감자를 주문했다. 유람선 저녁 정식 디너를 먹어 본 경험이 여러 차례 있었으므로 메뉴 하나하나를 찬찬히 훑어보면서 음식을 고르는 요령이 생긴 것 같다.

주문을 하자 10분쯤 후에 음식들이 나왔다. 식탁에 함께 앉은 분들이 저마다 메뉴를 보고 골랐는데, 한 사람도 같은 음식을 주문한 사람이 없다. 유람선 디너를 처음 먹어 보는 이들은 이구동성으로 음식 맛이 최고라며 자신이 주문한 음식에 만족스러워했다. 내가 주문한 구운 터키 요리의 맛 또한 일품이었다. 가벼운 대화를 나누며 웃으며 음식을 먹다보니 상당한 시간이 흐른 것 같았다.

나는 양해를 구하고 자리에서 먼저 일어섰다. 늦은 밤에 승무원들을 위한 미사가 있는지 사전에 확인을 하지 못했으므로 식사를 하면서도 마음이 약간 편하지 않았기 때문이다.

식탁에 앉은 다른 여섯 명은 후식을 먹으며 분위기를 마음껏 즐기는 것 같다. 그들은 식탁에서 일어서는 나를 일제히 쳐다보더니 벌써 일어나느냐고 한다. 내일 저녁 이 식탁에서 다시 만나자고 하며 아쉬운 표정이다.

곧장 방으로 돌아와 방문을 여니 전화벨이 요란하게 울리고 있다. 이 밤에 누가 나에게 전화를 하는 걸까. 어리둥절한 마음으로 전화기를 들었다. 유람선 Director 사무실 여비서라고 한다. 승무원을 위한 미사가 11시 15분에 있을 예정이어서 승무원들이 이미 4층 Half Moon Room에서 신부님을 기다리고 있다는 통보를 받고 전화한다는 것이다. 식탁에서 일어서며 내가 했던 예측이 맞았다.

통화를 끝내자마자 미사가 준비된 장소로 갔다. 약 20여 명의 승무원들이 나를 기다리고 있었다. 미사 준비는 다 되어 있었고 추가로 7명의 승무원이 더 왔다. 11시 15분 정각, 입당성가를 시작으로 미사가 시작되었다. 참석한 사람들은 대부분 20대 청년들이었고, 세 명을 제외하고는 다 필리핀 사람들이었다.

팔백 명쯤 되는 유람선 승무원 중에서 90% 이상이 필리핀 사람들이다.

이들은 거의 다 가톨릭 신자들인데, 대개 결혼한 지 1년 내지 2년째 되는 젊은이들이었다. 승무원은 고용계약 기간이 1년이며 계약한 1년 동안은 유람선을 이탈하지 못한다. 그리고 고용계약을 해마다 갱신하게 된다.

그러기에 고된 승무원 생활과 젊은 아내를 멀리 두고 온 인간적인 외로움을 오로지 신앙에 의존하며 견뎌낸다. 그리고 아무리 고달프고 피곤하더라도 일요일 미사에 꼭 참여하는 것이 그들의 인간적인 시름을 달래고 위로 받는 유일한 길이라고 한다. 승무원들은 두고 온 가족들을 위해 미사를 봉헌하고 싶다며 미사 지향을 말했다.

강론이 끝나고, 신자들이 기도를 하는 시간이 되었다. 각자 주님을 향해 청원하고자 하는 기도를 차례대로 말하고, 다함께 기도하길 권했다. 참석한 대다수의 사람들이 한 가지씩 기도를 했다. 결혼해 첫 아기를 낳은 후 바로 승무원이 되었으니, 가족 걱정이 오죽하겠는가. 계약기간 동안 집에 갈 수 없으므로 아내와 아기를 위한 기도가 대부분이었다.

어떤 청년은 결혼한 지 한 달 만에 유람선 승무원이 되어 떠나오게 되었다고 한다. 그는 임신한 아내가 너무나 걱정이 된다며 울먹였다. 가족을 그리워하며 애태우는 그들의 기도를 듣고 있으려니 내 마음도 애잔해진다.

미사가 끝나자 새벽 1시가 되었다. 자기들의 속사정을 기도에 담아 주님께 바칠 수 있어서 큰 은혜를 받은 것 같다고 했다. 그동안 쌓인 정신적인 피로를 해소할 수 있었다며 만족해한다.

미사 후 일일이 악수를 하고 포옹을 하며 그들의 정신적인 피곤을 위로 해주는 데 성의를 다했다. 이들이 매달 받는 월급은 가족에게 자동으로 가도록 되어 있다고 한다. 그리고 유람선이 움직이는 데 필요한 온갖 일들을 이들 승무원들이 다 해낸다.

미사 후 방으로 돌아오니 새벽 2시가 다 되었다. 어제 오후 2시경에 승선했으니 선상에서 보낸 시간이 열두 시간 정도 되는 셈인데 마치 며칠이 지난 것처럼 느껴진다. 승무원을 위한 밤 미사로 하루를 마감하고 잠자리에 들기까지 긴 시간이 흘러간 것 같다. 저녁기도를 간단하게 바치고 침대에 눕자마자 잠이 들었다.

눈을 뜨니 아침 6시다. 한 번도 깨지 않고 새벽 6시까지 깊은 잠을 잔 것이다. 그래서인지 간밤의 피로가 완전히 가셔 몸이 날듯이 상쾌하고 개운하다. 일어나자마자 방 문틈으로 삐죽이 디밀어진 오늘의 일지를 찬찬히 읽어 보았다. 오늘 미사 시간은 오전 8시이며 장소는 Half Moon Room이다. 나는 즉시 9층 뷔페식당으로 올라갔다.

하늘이 구름으로 뒤덮여 새까맣다. 강한 바람에 진눈깨비가 이리저리 휘날리고 있다. 어제 오후 5시경에 출발한 유람선은 아직도 캐나다 해역을 따라 쉬지 않고 알래스카를 향해 달리고 있는 중이다. 뷔페식당에서 아침을 먹고 방으로 돌아와 조용히 미사 강론을 준비하고 있는데 전화벨이 울렸다. ❀

알래스카에서 만난 하느님

가톨릭 미사와 개신교 예배

유람선 Director 사무실 여비서의 전화였다. 오늘은 개신교 예배도 주관해야 한다는 것이다. 시간은 9시 30분이며, 장소는 오늘 아침 8시에 미사를 드릴 장소와 같은 Half Moon Room이라는 내용이다.

약간 긴장된다. 유람선 지도 신부로 유람선을 탄 이래에 개신교 예배를 주관했던 경우는 이탈리아 베니스에서 출발해 스페인 바르셀로나로 가는 Millennium 유람선에서 한 번 있었고, 이번이 두 번째다.

8시 미사 시간을 상기하면서 서둘러 미사를 드릴 장소로 갔다. 미사 준비는 이미 되어 있었지만 홀에는 한 사람도 없다. 조용히 눈을 감고 한 순간의 간격도 없이 언제나 나와 함께 계시는 우리 주님께 개신교 예배를 도와 달라고 기도드렸다.

개신교 예배를 주관해 본 경험이 부족하기에 무엇을 어떻게 해야 할지 좋은 생각이 쉽게 떠오르지 않는다. 유람선 내에서 온종일 일어나는 모든 행사 안내가 매일 시간별로 유람선 일지에 빽빽하게 소개되는데 개신교 예배 일정은 거기 전혀 쓰여 있지 않았다.

일반적으로 유람선에 개신교 목사님이 유람선 목회를 위해 승선하는 경우는 거의 드물다. 유람선 지도 신부로 유람선에 승선할 경우, 개신교 예배도 주관하겠다는 약속을 미리 하지만, 경험에 의하면 개신교 예배를 요청하는 경우는 거의 없었다.

나는 개신교 예배를 어떻게 하는 것이 좋을까 생각하며 우리 주님이 예배 시간 그 때 그 자리에서 분명히 좋은 아이디어를 주실 것이라 믿고 미사 시간을 기다렸다.

8시가 가까워지니 한두 사람이 오기 시작하더니 서른 명 정도가 되었다. 어제 유람선을 탄 이후로 지난밤 11시에 승무원을 위해 미사를 봉헌한 것을 포함해 이번이 세 번째 미사를 봉헌하는 셈이다.

미사를 참례한 신자들이 입당성가를 부르며 미사 시작을 알렸다. 성체를 분배하겠다는 지원자가 두 분 자발적으로 나왔고 독서를 하겠다는 분도 있었다.

강론 때 다음과 같은 이야기를 했다.

천주교 신자가 된 것을 후회하는 사람을 본 적이 있다. 왜냐하면 나를 미워하고 욕되게 하는 사람이라면, 나도 미워하고 심지어 그들이 벌이라도 받게 되길 바라는 것이 인지상정인데, 그리스도를 믿으니 그렇게 할 수 없기 때문이다. 게다가 그들을 사랑하고 그들을 위해 기도하라는 예수님의 말씀은 분명히 감당하기 어려울 것이다.

알래스카에서 만난 하느님

예수님의 이러한 말씀이 여러분에게도 부담스러울 것이라 생각한다. 그래서 자주 고백성사를 보아야 할 내용들이 많이 생기리라 믿는데, 여러분들도 그렇지요? 하고 질문을 던졌다. 그러면서 강론을 계속 진행하려고 하는데 어떤 교우가 손을 번쩍 들고 일어섰다.

"신부님, 저를 헐뜯고 비방하며 미워하는 사람들이 제 주변에도 많습니다. 저는 예수님을 믿는 사람이라 매일 미사에 참석하며 기도 중에 그들을 사랑할 수 있도록 도와 달라고 예수님께 부탁드립니다. 그런데도 그들을 용서한다는 것이 쉽지 않습니다. 자기를 미워하고 헐뜯는 사람들을 사랑하는 좋은 방법이 없을까요?"하고 질문을 던진다.

그에 대한 답변을 하겠다고 어느 부인이 손을 번쩍 들고 일어섰다.

"신부님, 방금 이야기 하는 분의 경우는 모든 사람들이 매일 경험하는 일이기에 참으로 쉽지 않은 일임에 틀림없습니다. 그렇지만 우리는 예수님을 진심으로 사랑하는 사람들 아닙니까? 예수님을 우리가 사랑한다면 예수님을 사랑한다는 뚜렷한 증거를 보여야 한다고 생각합니다.

그런데 예수님을 사랑한다는 가시적인 증거가 바로 예수님의 말씀에 따라 행동하는 태도가 아니겠습니까? 예수님은 나를 따르려거든 바로 각자 자기 십자가를 지고 따라 오라고 말씀하셨습니다. 자기를 미워하고 비방하며 헐뜯는 사람을 사랑하고 기도하는 길은 분명히 무거운 십자가임에 틀림없습니다. 우리가 무거운 자기 십자가를 지고 즐거운 마음으로 예수님을 따라 가는 것이 예수님을 사랑하는 분명한 증거라고 생각합니다."

그 부인이 이 같은 말을 하자마자 모두가 큰 박수를 보낸다.

"부인의 말씀에 나도 전적으로 동감합니다. 쉽지 않은 일이지만 우리는 예수님을 사랑하는 증거로 반드시 그렇게 해야 합니다."라고 하면서 강론을 마쳤다.

미사를 끝내고 인사를 나눴다. 강론 때 신부님이 던진 질문 덕분에 현실에서 경험하는 어려운 일들을 일깨우는 좋은 기회를 갖게 되었다며, 무척 유익했다고 만족해했다.

나는 곧장 방으로 와서 다시 성경을 들고 1시간 전에 미사를 봉헌했던 장소로 긴장되는 마음을 안고 급히 갔다. 문을 열고 홀에 들어서니 약 열 명 정도의 신도들이 모여 앉아 있다가 예배를 주관할 사제를 일제히 쳐다보며 반갑게 맞이한다. 나는 당혹스러워 얼굴이 달아오르는 것 같다.

홀 단상에 준비된 강론대에 올랐다.

"오늘 이 시간에 여러분을 위해 예배를 주관할 정 안토니오 신부입니다. 저는 한국에서 태어났으며 1979년 한국을 떠나 로마에서 공부를 했고 캐나다 밴쿠버를 거쳐 1986년부터 샌프란시스코 대교구에서 사목을 했습니다. 2003년 1월 1일자로 샌프란시스코 교구로부터 은퇴를 했으며 지금은 유람선 지도 신부가 되어 1년에 한두 차례씩 유람선 사목을 하고 있습니다. 개신교 예배는 유람선 지도 신부가 된 이래 오늘이 두 번째입니다. 중요한 예배 시간에 저를 초대해 주셔서 감사합니다."

소개를 겸해 인사말을 하며 정중히 고개를 숙였다. ✸

알래스카에서 만난 하느님

_ 케치켄 도시를 가로지르는 맑은 개울

개신교 신앙의 활력소는 찬송가

참석한 열 명은 미국 아이다호 주, 테네시 주의 내슈빌, 콜로라도 주의 덴버, 그리고 뉴햄프셔 주의 콩코드 시에서 왔다고 한다. 참석자 열 명 중 네 명을 제외하고는 각각 다른 주에서 왔다. 아이다호 주에서 온 부부는 남편은 흑인이고 부인은 잘 생긴 백인이다.

그들은 미리 입구에 준비되어 있는 개신교 찬송가를 다 갖고 있었다.

좌석에 앉은 분들에게 제의를 했다.

"개신교 예배를 주관하게 된 제 생각은 이렇습니다. 성경을 읽고 성경 내용을 서로 간단하게 나누고 찬송가를 한 곡 부르고, 또 다른 한 분이 성경을 읽고 나면 낭독한 성경을 나누고, 이렇게 모두 조금씩 성경 말씀을 나누면 어떻겠습니까?"

한 사람도 예외 없이 반갑게 환영한다.

"오늘 성경구절은 마태오 5장 38~42보복하지 마라 절까지인데 누가 성경을 낭독하시겠습니까?" 하고 물었다. 여섯 명이 성경 낭독을 하겠다고 손

알래스카에서 만난 하느님

을 번쩍 든다. 아이다호 주에서 온 부부 중 흑인 남편인 조르단이라는 분에게 성경을 읽도록 기회를 주었다.

그는 즐거운 표정을 지으며 강단 위에 준비된 독서대 앞에서 천천히 깨끗한 음성으로 성경을 잘 낭독했다. 그가 강단에서 내려오기가 바쁘게 좌석에 앉아 있는 부인 한 분이 손을 번쩍 들면서 방금 낭독한 복음 말씀에 대한 자신의 견해를 말하겠다고 한다.

"남이 나에게 피해를 입히는 말과 행동을 했을 때 이에 대한 앙갚음을 안 하려고 나름대로 애를 쓰는데 정말 쉽지 않아요. 앙갚음을 하지 않으면 완전히 나를 바보처럼 취급해서 계속 당하기만 하는 경우가 많았는데, 그 때 그 때마다 잘 극복하기가 너무나 어려웠습니다."

자신이 겪은 예를 들면서 이야기를 계속했다.

"세상에는 상상도 할 수 없을 만큼 악하고 고약한 성격을 가진 사람들이 많아요."

자기와 이웃하고 사는 사람인데 매일 큰 소리로 싸움을 하는 부부라고 한다. 남편도 그 부인의 못된 성격을 감당하지 못해 도망가다시피 그 자리를 피해 버리는데, 그러면 그 부인은 남편에게 못 다 한 화풀이를 이웃인 자기에게 한다고 한다.

그래서 쓰레기를 집 대문 앞에 갖다 버린다든가 음악을 크게 틀어 놓아 시끄러워 잠을 못 자게 하는 경우가 많다고 한다. 그럴 때마다 웃는 얼굴로 충고를 해주면, 그 때부터 험한 욕설로 시비를 건다. 이럴 때마다 그

_ 강론하는 모습

부인은 주님께 기도를 바쳤다고 한다.

"주님의 말씀을 실천에 옮길 수 있는 너무나 좋은 기회이지만 저의 힘으로는 도저히 불가능할 정도로 힘이 듭니다. 주님, 저를 도와주셔서 주님의 눈으로 저와 이웃하고 사는 그분의 악한 천성을 불쌍하게 보도록 마음의 눈을 뜨게 해주십시오. 그리고 그분의 마음 안에도 분명히 계시는 선량하신 주님의 모습을 그분 스스로 조금이라도 엿볼 수 있도록 도와주십시오. 그분의 악하고 괴팍한 성격 때문에 그분 안에 계시는 주님의 모습이 손상될까 두렵습니다."

이렇게 기도하기 시작한 지 1년이 지났을 때 기적과 같은 일이 일어났다. 그 부인이 새벽같이 일어나 이웃 주변 도로를 청소하고, 남편과 싸우는 일도 거의 없어졌으며, 마주칠 때마다 먼저 친절하게 인사를 하는 등 180도로 변화된 모습을 보여준다고 한다.

역시 기도의 힘은 이렇게 위대하다. 또한 주님 말씀대로 앙갚음을 하지 않고 끝까지 참고 견디며 주님의 말씀을 굳게 믿고 희망을 버리지 않고 기도하면 결국 상대를 변화시키는 무서운 힘이 그 속에 있다는 사실을 체험했다고 한다.

성가를 한 곡 함께 부르고, 오늘의 성경 말씀을 통한 생활 간증을 한 분에게 더 듣기로 했다.

그는 젊은 남자였다. 그는 자기는 성격이 고약해서 남이 잘되는 것을 보면 이유 없이 심술이 나며 시기 질투를 하고 남을 사정없이 날카롭게 비판하고 혹독한 욕설이라도 퍼부어야 직성이 풀리는 못된 성격을 가진 사람이라고 했다. 그는 남을 한 번이라도 좋게 평가해 본 적이 없을 정도로 자존심이 강하고 교만한 사람이었다.

그런데 어느 날 예수님을 믿기 시작했고, 인간의 죄를 갚기 위해 십자가에 못 박혀 죽기까지 하시면서 조건 없이 인간의 죄를 용서하시는 헤아릴 수 없는 무한한 사랑에 충격을 받게 되었다.

자신을 변화시킨 불같은 은혜를 나름대로 경험하게 되자 지나온 삶이 너무 허망했고 부끄러웠다. 이전의 삶으로 돌아간다는 것은 상상조차 할 수 없다면서 그는 눈시울을 붉혔다.

두 분의 간증을 듣다 보니 거의 한 시간이 흘렀다. 나머지 여덟 사람들의 표정도 나름대로 경험한 신앙 간증을 하고 싶어 하는 듯했다. 하지만 시간 상 더 이상 진행을 할 수 없는 상황이라 다들 안타까워하는 것 같았다.

우리 주 예수님께 감사를 드리지 않을 수가 없다. 찬송가를 함께 부르며 그들이 기뻐하는 모습을 보니 예배를 주관한 나도 뿌듯했다. 주님이 하시는 일은 놀랍기만 하다. 우리는 기도를 통해 주님과 소통을 하며 기도함으로 주님의 은혜를 각자의 몫으로 받아들이게 된다. 우리 마음의 문을 주님께로 활짝 열어 둘 수 있는 소중한 기회는 반드시 주님을 향해 기도가 이루어질 때 가능하다.

기도를 할 때 주님께서는 마음 속 깊은 내면까지 다 들여다보시고 우리에게 필요한 은혜를 준비하신다. 주님과의 관계를 깊이 유지하는 유일한 방법은 바로 주님을 향한 기도의 시간을 갖는 것이다. 기도가 없으면 우리 마음 속 깊이 심어진 예수님에 대한 신앙이 자랄 수가 없어서 결국 고사하고 만다.

두 분의 귀한 신앙 간증을 통해 나도 감명을 깊이 받았다. 기도의 힘이 얼마나 중요한지 다시 한 번 깨닫게 되었다. 깊고 튼튼한 신앙 안에서 예수님과 좋은 관계를 변함없이 유지할 수 있도록 매일 열심히 기도하시길 바란다는 말로 오늘의 개신교 예배를 마무리했다. ✺

알래스카에서 만난 하느님

# 개신교 예배를 마치고

개신교 신자들은 성경 말씀을 나누는 것을 무척 좋아하는 것 같았다. 그리고 말씀 나누기에 대한 경험이 많이 쌓여 있었다. 성경 말씀을 각자의 생활 현장과 잘 연관시켜 성경을 읽고 토론하는 데 능숙했다.

이러한 점들이 가톨릭 신자들과 상당한 차이가 있다. 가톨릭 예배는 미사가 전부이다. 미사 때 말씀의 전례가 차지하는 시간은 미사 전체 시간의 15~20분 정도에 지나지 않는다.

특히 말씀의 전례에 평신도가 참여하는 기회는 성경을 낭독하는 '독서'와 '신자들의 기도'를 바치는 시간인데 그것마저도 신자들 중에서 선발된 몇 사람만 참여를 하게 된다.

신자들이 미사에 참석하는 것 외에 성경을 개인적으로 공부하는 경우가 많지 않기 때문에 성경 지식이 빈약한 것은 부끄러운 일이다. 다행스럽게도 제2차 바티칸 공의회1962. 10. 11~1965. 12. 8 이후 가톨릭교회 모든 평신도들이 성경을 읽고 배우는 운동을 세계적으로 활발히 전개하고 있다.

물론 성경을 많이 안다는 자체만으로 개인의 구원을 보장 받는 것은 아니다. 그러나 성경을 많이 읽고 성경의 내용을 올바르게 터득하면 할수록 예수님의 가르침을 깨닫게 된다. 그리고 예수님을 따르는 신앙생활에 자신감을 얻게 될 것이다. 예수님의 말씀을 통해 신앙생활의 영적 양식을 섭취하게 되면, 자연히 올바른 행동이 뒤따르게 되며, 믿음과 실천을 병행하는 참된 믿음의 삶이 되리라 믿는다.

　성경을 즐겨 읽는 분들이 조심해야 할 점은 성경의 귀중한 내용을 지나치게 자기가 편리한 대로 알아듣고, 알아들은 그 내용만을 강하게 주장하는 모순에 빠질 수가 있다는 점이다. 자기식대로 알아들은 성경만을 고집하고 싶은 유혹에 빠지게 되는 것이다.

　그래서 성경 말씀의 원저자인 예수님의 뜻과는 상반되는 내용이 마치 예수님의 뜻과 완전히 일치되는 것처럼 주장하려고 하는 착각을 일으키게 되는 경우가 허다하다. 이렇게 되면 예수님의 말씀을 자기 나름대로 이해해 자신의 견해에 따라 해석을 달리하는 사람들끼리 분열이 생길 소지가 있다.

　성경을 읽고 성경 내용을 깊이 묵상하며 그로 인해 예수님을 더욱 깊이 이해하고 예수님을 가깝게 모시며 예수님과 더불어 사는 마음을 갖기 위해서는, 예수님을 향해 자신의 마음을 비울 수 있는 용기와 겸손이 절대 필요하다.

　성경 안에 나타나시는 예수님을 마음의 주인으로 모시면서 그분의 뜻대로 그분의 말씀을 알아듣고 그분이 원하는 대로 성경 말씀을 소화하면서 살아가는 길이 성경을 사랑하고 존경하는 길이다.

불과 열 명으로 구성된 주일 예배를 주관하면서 예수님의 말씀이 보관된 성경과 함께 일상생활을 하고 있는 이분들의 성경을 사랑하는 마음에 나름대로 강한 인상을 받았다. 짧은 예배를 통해 많은 것을 배우고 느낀 귀중한 시간이었다.

일반적으로 가톨릭 신부가 개신교 예배를 주관하는 경우는 사제생활 전반을 통해 지극히 드문 일이다. 이로 인해 갈라진 형제교회를 이해하며, 가톨릭교회가 필요 이상으로 가진 종교적인 기득권이라는 아집을 나름대로 반성하게 된 것도 주님이 주신 선물이라고 생각된다. 과거 가톨릭의 지나친 독선에서 비롯된 오류를 미봉하면서 지나치게 호교론적인 입장만을 염두에 두고 갈라진 형제를 설득하려 한다면, 진정한 교회 일치와는 아직도 상당한 거리가 있다.

당신의 귀중한 삶을 십자가 위에서 완전히 포기하면서까지 모든 사람을 사랑하신 예수님의 조건 없는 사랑을 최우선에 두고 갈라진 주변 형제들을 보아야 한다.

지나친 독선으로 생겨난 과거의 과오를 반성하는 겸손은 예수님이 참으로 원하시는 교회 일치를 만들어 가는 기본적인 태도가 아니겠는가. 독선과 아집은 어느 시대를 막론하고 예수 그리스도가 세우신 교회가 일치를 이루는데 균열이 생기는 걸림돌이 되어 왔다.

그리스도를 믿는 모든 사람들은 그리스도가 원하시는 교회 일치를 도모하기 위해 각자 자신을 비우는 작업이 선행되면서 비워진 마음의 공간 안에 그리스도를 편안하게 영접하려는 노력이 필요하다.

아침 8시 주일 미사와 9시 30분 개신교 예배를 주관하고 나니 어느새 오전 11시다. 피곤이 겹치면서 몹시 시장하다. 아침식사를 위해 11층 'Ido'라는 뷔페식당에 가니 식당은 여전히 유람객들로 붐비고 있다.

자기 차례를 기다리느라 길게 늘어선 줄 뒤에 나도 차례가 될 때까지 기다리고 있었다. 유람선은 아직도 지칠 줄 모르는 항해를 계속하고 2천여 명이 넘는 유람객들은 유람선 안에서 시간을 보내야 하므로 식성이 좋은 젊은이들은 온종일 먹을거리가 있는 뷔페식당을 들락거린다.

플라스틱 쟁반에 좋아하는 음식을 담아 자리가 비어 있는 창가 식탁에 앉았다. 하늘은 구름 한 점 없이 청명하고 바람마저 잠잠하다. 6월 17일 (일) 오후 1시 50분경 유람선에 승선해서 오후 5시경 알래스카 항해를 시작한 이래 계속 강풍과 비바람이 몰아치는 험상궂은 날씨였는데 오늘은 유별나게 평온한 날씨다.

겨우 빠져 나갈 정도로 좁은 해안선을 따라 육중한 유람선은 묘기를 부리듯 신속하게 빠져나가고 있다. 그런 모습이 마냥 신기하게 느껴진다. ✹

조막만한 섬 사이로 향해하는 유람선

뷔페식당 창가 식탁에 앉아 아침 식사를 하며 창밖으로 보는 경치는 표현이 불가능할 정도로 아름다운 절경을 이루고 있다. 거대한 유람선은 조막만한 작은 섬들 사이로 곡예를 하듯 절묘하게 빠져나간다. 아름다운 자연의 매력에 빠져 넋을 잃고 바라볼 수밖에 없다.

오늘따라 날씨가 유별난히 해맑다. 조약돌 같이 작은 섬 위에 빽빽이 들어선 나무들, 길고 짧은 해안을 따라 넘실거리는 푸르디푸른 청정 바닷물. 이 모든 현상이 심오하고도 아름다운 절대자의 면면을 반영하는 듯하다.

알래스카 하늘의 여왕이라 부르는 알래스카 독수리들은 자신만만하게 창공을 신나게 휘저으며 날아다니고 있다. 절대자의 신비의 세계에 저장된 절경의 비밀을 알고 있는 것만 같다. 이처럼 아름다움의 극치를 이루고 있는 절대자의 무한한 사랑이 경이롭다.

하늘의 제왕인 독수리가 활짝 펼친 두 날개로 창공을 거침없이 날아다니는 모습을 바라보며 자연의 아름다운 조화를 음미해 본다. 절대자의 섭리 덕분에 때묻지 않은 자연의 절묘한 경관이 알래스카라는 방대한 땅에 그대로 남아있다는 것이 참으로 다행스럽다.

유람선은 오늘도 멈추지 않고 항해를 계속하고 있다. 오늘은 각자 취향에 따라 자기 시간을 유람선에서 즐기는 날이다. 유람선 안에 있는 각종 오락시설을 이용하며 시간을 즐기는 사람들, 오솔길 같이 보이는 바닷길을 헤치며 나아가는 유람선 위에서 나처럼 자연 경관을 즐기는 사람들, 휴식을 취하는 사람들 등등 자유로운 시간을 자기 취향대로 이용하고 있다.

알래스카 해안을 따라 질주하는 뷔페식당 창가에 앉아 세상만사를 잠시 잊고 멍하니 앉아 있는데, 누가 내 어깨를 툭툭 두드리는 것 같다. 곤한 잠에서 깨어난 듯 정신을 차리고 고개를 돌려 보니 오늘 미사에 참석했던 필라델피아에서 온 Charles라는 교우다. 그는 나를 찾아다녔다며 반가운 기색으로 식탁 맞은편에 앉았다.

시계를 보니 오후 1시가 넘었다. 자연 경관에 정신이 팔려 창가 식탁한 자리에 정신 나간 사람처럼 2시간 이상을 앉아 있어 보기도 처음이다.

찰스는 4층 식당에서 점심을 대접하고 싶어 나를 찾아온 것이었다. 그는 연세가 칠십 가까워 보이는 친절한 분으로, 매일 미사에 거의 빠짐없이 참석할 만큼 신앙심이 깊은 가톨릭 신자이다.

그는 유람선 관광을 하는 동안에는 미사 참례를 할 수 없을 줄 알았는데 유람선 지도 신부님이 있으니 정말 다행이라며 이곳에서의 첫 미사에 참석해 주님께 한없이 감사기도를 드렸다고 했다. 그리고 앞으로 있을 미사 시간에 복사를 비롯해 독서 등 필요한 일이 있으면 성의껏 돕겠다고 약속했다.

　의자에 마주앉아 잠시 환담을 나누다가, 아침을 늦게 먹어 시장하지 않은데도 이 분의 권유로 함께 4층 식당에 갔다. 아름다운 바다가 확 트인 창가 식탁으로 가니 식당 안내원이 우리를 안내해 준다.

　이곳은 뷔페식당과는 달리 조용하다. 식탁은 깨끗한 식탁보로 장식되어 있고 식탁 위에는 고급 식탁답게 깨끗한 냅킨이 놓여 있다. 은으로 도금된 포크, 나이프, 커피 스푼 그리고 수프를 먹는 큰 스푼도 보기 좋게 정돈되어 있고 포도주 잔과 물 잔도 준비되어 있다. 남녀 웨이터들은 번갈아 와서 친절하게 음식 주문을 받는다.

　나는 그동안 점심은 반드시 뷔페식당에서만 먹어야 하는 줄 알고 뷔페식당을 제외하고는 점심을 식당에서 먹어본 적이 없었다. 식당은 물론 식성에 맞게 음식을 주문할 수 있으므로 식사료뿐만이 아니라 웨이터의 서비스에 대한 사례를 마땅히 해야 하는 곳이다.

　그런데 분위기는 뷔페식당과는 비교가 되지 않을 정도로 훨씬 고급스러우며, 무엇보다 붐비지 않아 좋다. 또한 주문한 메뉴만 고급 요리사가 성의껏 요리하므로 그 맛이 저녁 정식 디너와 똑같다.

　우리가 앉은 식탁 바로 옆에 있는 창 너머로는 좁고 꼬불꼬불한 아름다운 해안선을 따라 작은 섬들이 스쳐지나가고 있다. 빽빽이 들어선 푸른 나무들이 얼굴을 스치는 것처럼 느껴진다. 작은 섬들이 조약돌처럼 보인다.

단둘이 앉아 창 밖에 펼쳐지는 자연의 신비스러운 절경을 바라보며 맛있는 음식과 함께 신앙과 생활에 관한 이러저런 얘기를 나누는 이 특별한 경험은 알래스카 유람선을 타지 않고는 도저히 경험할 수 없는 주님이 베풀어 주신 귀한 선물이라는 생각이 들었다.

시간이 흐르는 것도 잊은 채 찰스와 환담을 나누다 보니 어느덧 오후 4시다. 점심 대접을 잘 받은 나는 내일 미사 때 다시 만나기로 찰스와 약속했다. 그리고 찰스에게 양해를 구하며 함께 자리에서 일어나 곧장 내 방으로 왔다.

가벼운 옷차림으로 바꿔 입고 평소 습관대로 갑판 위를 걷기 위해 6층으로 내려갔다. 해안가에 펼쳐지는 자연을 승객들이 맘껏 즐길 수 있게 유람선은 속도를 조절해가며 항해를 계속하고 있다. 육중한 유람선이 헤치며 지나가자 물보라가 일고 파도가 넘실거린다. 이 모든 자연 현상을 온몸으로 느끼며 걷는 이 순간이 마냥 행복하기만 하다. ☸

절경인 알래스카 해안

유람선은 6월 18일(월) 밤 11시 30분 내가 취침을 할 때까지 장장 서른 시간 이상을 한 번도 쉬지 않고 숨 가쁘게 항해를 계속하고 있다. 피곤한 줄도 모르는 채 주행을 멈추지 않는 것이 신기하기마저 하다.

유람선이 캐나다 밴쿠버를 출발해 계속 북상하면서 캐나다 해안을 거쳐 미국 땅 알래스카 해안을 따라 계속 항해를 하고 있지만, 어디서부터 미국 땅인지는 항해사가 아니고는 경계를 알 수 없으리라.

여하튼 양국을 넘나드는 국경을 낀 긴 해안의 자연은 그야말로 절경이다. 유람선은 울창한 상록수가 빽빽하게 뒤덮은 작은 섬 사이사이로 좁고 긴 해안 길을 따라 곡예를 하듯 항해를 계속하고 있다. 살짝살짝 섬 사이사이를 숨바꼭질하듯 항해하는 유람선 위에서 바라보는 자연의 모습은 경이롭기만 하다.

운동복 차림으로 합판을 깔아 놓은 6층 마루를 걷는 동안에도 울창한 나무들은 손을 뻗으면 잡힐 듯이 가깝게 느껴진다. 한편에는 작은 섬들이 있고, 다른 한편에는 내륙지방의 험준한 산들 끝자락에 길게 이어진 좁은 해안선이 눈에 들어온다. 눈으로 겹겹이 뒤덮인 알래스카의 빙산을 보고 있으니 내가 사철 얼어붙어 있는 알래스카를 향해 가고 있다는 것을 실감하게 된다.

태양이 쏟아내는 우아하고 세련된 황금빛 햇살로 도금한 석양의 바다와 섬들, 길게 뻗은 아름다운 해안 길, 울창한 나무들, 험준한 산들, 겹겹의 얼음으로 뒤덮인 눈부신 빙산. 아름다운 자연의 자태에 홀려서 눈에 보이는 이 모든 것에 마음을 빼앗기지 않을 수가 없다.

섬세하면서도 아기자기하고 기기묘묘하며 완전무결한 하느님이 지으신 자연의 모습에 감탄이 절로 나온다. 인간의 손때가 묻지 않은 자연 경관을 알래스카 해안을 따라 항해하는 유람선 선상에서 보고 느낄 수 있으므로 이곳은 하느님의 무한한 능력을 이해하고 알아듣는 데 더할 수 없는 좋은 교육 현장이라 할 수 있을 것이다.

미국이 알래스카를 1867년에 러시아부터 매입할 때 1825년 영국과 러시아 사이에 맺은 조약의 규정을 미국은 그대로 따랐다. 조약에는 알래스카와 캐나다 사이의 경계가 모호하게 정의되어 있다.

1896년 캐나다 지역의 Klondke 지방에 금광이 발견된 후 캐나다 정부로서는 결정적으로 중요한 의미를 갖게 된 태평양 선박 길에 이러한 모호한 조약은 방해가 되지 않을 수가 없었다.

1898년까지는 캐나다에서 미국 영토를 거치지 않고 태평양으로 직접 나갈 수 있는 Yukon 지역에 사는 캐나다인들에게 그 권한이 주어질 뻔한 Skagway와 Dyea 지역 소유권을 캐나다 쪽에서 주장했다.

그런데 미국 26대 대통령인 Roosevelt[1858~1919]는 캐나다가 영토에 대해 주장할 만한 어떤 역할도 충분히 하지 못한다는 점을 강조했다. 결국 영국과 미국 양국은 각각 세 명의 법률 전문가들로 팀을 구성해 국경 경계에 관해 법적으로 논쟁을 벌이게 되었다.

1903년 여섯 명으로 구성된 양편 법률 전문가들이 법정에서 격론을 벌이며 논쟁을 한 후, 투표로 캐나다의 주장이 기각되었고 미국의 요구가 채택되었다. 결국 1903년 후반에 미국과 캐나다의 국경 경계가 깨끗하게 정의되었다. 이때 미국과 캐나다 사이에 국토 경계를 법적으로 분명히 해두지 않았다면 양국 간의 국토 분쟁은 현재까지도 계속되리라 믿어진다.

캐나다 밴쿠버를 출발한 유람선이 56시간이 넘는 기나긴 항해를 계속한 후 처음으로 기항하게 되는 항구 도시가 Ketchikan이다. 이 도시는 1900년 통합된 내항을 따라 첫 번째로 있는 항구인데 알래스카 남동부의 Revillagiged 섬 위에 있는 Ketchikan 자치도시이다.

Ketchikan은 아름다운 자연 항구이며 연어 어장이 특히 유명하다. 그리고 제조업과 광업이 성하다. 역시 이 도시를 운영하는 재정에는 관광 산업이 중요한 역할을 한다. 알래스카 국제공항이 있고 알래스카 남동쪽에 1954년에 세워진 알래스카 대학교의 분교가 있다.

이 도시에는 1887년에 세워진 연어 통조림 공장이 현재까지도 통조림을 생산하고 있다. 1898년 Ketchikan 항구 근처에서 동광산업이 시작된 이후 Ketchikan 인구가 급격히 증가했다. 2004년의 인구조사에 의하면 인구가 7,423명이고, KetchiKan이라는 도시 이름은 Tlingit라는 문구에서 나온 말인데 그것은 '날개를 활짝 편 독수리' 라는 뜻이다.

유람선이 장장 58시간을 쉬지 않고 달려 19일(화) 이른 새벽 처음으로 정박하는 항구가 Ketchikan이다. 2,000명이 넘는 유람객들은 대략 사흘 동안 유람선 안에서만 보내야 했다. 사흘 동안 잠을 잔 시간을 스물네 시간 정도로 잡는다면 깨어 있는 나머지 서른네 시간을 유람선 안에서 보낸 셈이다.

그 34시간을 어떻게 무엇을 하고 보내는지 궁금하게 생각할 수도 있겠다. 그런데 그것은 기우奇遇에 지나지 않는다. 유람선에는 유람객들이 즐길 수 있는 모든 시설들이 다 갖추어져 있기 때문이다.

온종일 영화를 상영하는 영화관, 도박을 즐기는 도박장, 수영장, 식성이 좋은 사람들이 온종일 먹을 수 있는 여러 나라의 음식들이 진열된 뷔페식당, 컴퓨터실, 오락실, 무도장, 소그룹 회합실, 미용실, 이발소, 각종 스낵바, 매점, 은행 등등이 모두 갖추어져 있다. 이 모든 시설을 최대한 즐길 수 있도록 온종일 문을 열어두기에 유람선 내에서도 유람객들은 모두가 분주하다. ☸

알래스카에서 만난 하느님

Ketchikan 항구에 도착한 유람선

한 번도 쉬지 않고 거의 58시간을 달려온 거대한 유람선의 이름은 Ms. Statendam이다. 유람선의 국적은 네델란드이다. 130년 이상의 역사를 가진 Holland America Line에 속한 열여섯 척의 유람선들 중 다섯 번째에 해당되는 유람선이다. 승객을 좀 적게 수용하게 된다 하더라도 최대한 편안하게 해주기 위해 더 많은 공간을 제공하도록 유람선이 설계되었다.

유람선 Ms. Statendam은 네델란드 스타일의 2백만 불이 넘는 그림을 포함한 예술 작품들이 유람선 안에 아름답게 배치되어 있는 것이 특징이다. 유람선 내의 반 고흐 극장은 네델란드의 유명한 예술인 빈센트 반 고흐의 그림들을 기념하기 위해 설계되었기에 극장 자체가 예술 작품이다. 유람선 중앙에는 26ft3층 높이의 로마식 조각품인 "Fountain of the Siren" 반신 여상이 호적을 부는 샘이 자리 잡고 있다.

이 유람선은 1992년에 처녀 출항을 했고, 승객 정원은 1,266명이며 배

의 길이는 720ft⁹³ᵐ, 무게는 55,451t이 되는 거대한 유람선이다. 여덟 개
의 엘리베이터가 설치되어 있고 도서관, 컴퓨터실, 미용실, 화랑, 카지노,
풀장, 두 개의 대형극장, 세 개의 소형극장, 뷔페식당 등 유람객들이 최대
로 즐길 수 있는 시설물들이 골고루 갖추어져 있다. 팔백 명 가까운 유람
선 승무원들은 대부분 필리핀 사람들과 인도네시아 사람이다.

5시 30분경에 잠이 깼다. 오늘은 유람선이 Ketchikan 항구에 정박하고
이 항구를 관광하는 날이다. 알래스카의 아름다운 자연을 보면서 주님이
창조하신 다양한 모습을 체험하고 또한 공부하는 좋은 하루가 되길 언제
나 함께 계시는 주님께 기도를 바쳤다.

6시경에 8층에 있는 뷔페식당으로 갔다. 육중한 유람선은 이미
Ketchikan 부두에 정박해 있다. 58시간이나 쉬지 않고 힘차게 달려온 피
곤 때문인지 곤한 휴식을 취하는 듯 벌써 깊은 잠에 빠져 버린 것 같다.
태산 같은 무거운 중량으로 쉼 없이 불평도 하지 않고 달려온 무서운 지
구력과 인내심은 유람선에 탄 수많은 승객들의 강한 신뢰와 사랑을 받을
수밖에 없다.

승무원 중 상당한 숫자가 유람선을 관리하는 기술직에 종사한다. 이들
은 밤낮으로 유람선의 거대한 엔진을 비롯해서 유람선의 모든 부분의 안
전 상태를 점검한다. 극히 작은 문제라도 생기면 그 즉시 수리를 하고 있
다. 이렇게 정성을 다하는 관리로 유람선의 건강 상태는 언제나 완벽하다.

뷔페식당에서 이것저것 내가 좋아하는 음식을 골라 큰 쟁반에 담아 식

알래스카에서 만난 하느님

탁 자리를 찾고 있는데 누군가 "안토니오 신부님!" 하고 부르는 소리가 들린다. 소리 나는 쪽으로 고개를 돌려 보니 데이비드 부부가 창가에 앉아 있다. 자기 식탁에 자리가 있으니 오라고 손짓을 한다.

그분들이 안내한 식탁에 앉아 함께 아침 식사를 하면서 한 시간 가까운 시간을 보냈다. 데이비드와 그의 부인 마리아는 나의 미사에 빠지지 않고 열심히 참석한 교우들이다. 특히 마리아는 미사 때마다 독서를 하겠다고 자원해 독서를 한 부인이다.

이들 부부는 뉴욕 주 북쪽 캐나다 국경과 접경을 이루는 버팔로에서 왔다. 유람선 여행이 세 번째인데 자기네들이 탔던 유람선마다 유람선 지도 신부님이 있어서 참으로 주님께 감사했다고 한다. 이번도 다행스럽게도 안토니오 신부님이 우리와 함께하게 된 것을 가톨릭 신자로서 참으로 다행스럽게 생각한다고 한다.

그리고 오늘날에는 악한 영들이 사람의 마음을 교묘하게 여러 가지 방법으로 유혹해서 낙태며 동성연애며 주일날 미사를 불참하는 일 등등 예전에는 도저히 상상도 못했던 생각을 하고, 그렇게 판단하는 것을 너무나 당연한 것으로 생각한다면서 개탄한다.

교회의 가르침을 정면으로 부정하면서도 성당에 나와 성체를 영접하려 하는 경우가 너무나 많은데 안토니오 신부님은 어떻게 생각하느냐고 신중한 표정을 지으면서 질문을 한다. 실은 이러한 질문들은 이 분들로부터만 듣는 것이 아니고 여러 교우들로부터 종종 듣는 질문들이다.

이러한 질문을 받을 때마다 신부로서 답변을 올바르게 해준다는 것이 그리 쉽지 않다. 사회 분위기가 대단히 복잡하고 다변화되어 있는 것이 현실이다. 인간적으로 얽히고설켜 있는 복잡한 현실 생활에 교회의 가르침, 특히 윤리적인 가르침을 한 치의 여유도 없이 엄격히 적용한다는 것은 실로 불가능한 일이다. 인간과 인간 사이에 엉켜있는 복잡한 관계들을 단순한 윤리적인 잣대로 판단하고 단죄한다는 것은 잔인한 일이다.

그렇다고 해서 교회가 이러한 현 상황을 그리스도의 사랑이라는 큰 안목으로 이해하거나 용서하고 심지어 묵인한다고 가정해 보자. 인간의 지극히 나약한 의지 때문에 결과적으로 그리스도가 가르치는 윤리적인 기준은 아무런 구속력이 없게 될 것이다. 인간의 타락으로 인해 인류공동체가 멸망의 파국으로 치닫게 되는 무서운 결과가 도래하게 될 것은 너무나 분명한 일이다.

아침 식사를 하면서 종교적인 이야길 나누다 보니 시간은 벌써 7시 30분이다. 9시에 카약을 타게 되어 있기에 우리의 대화는 여기서 끝내고 다음 기회로 미루었다. ✿

알래스카에서 만난 하느님

# 알래스카의 성장 배경

밴쿠버에서 출항한 유람선이 캐나다 태평양 연안을 거쳐 사흘만에 알래스카 도착한 첫 번째 항구 도시가 Ketchikan이다. 도시 규모나 주변 환경을 유럽의 여타 항구 도시와 비교해 보면 현격한 차이가 난다.

오랜 역사를 통해 일구어진 아름답고 웅장하며 장엄한 건물들로 즐비한 유럽의 항구 도시와 달리 알래스카의 도시들은 상대가 되지 않을 정도로 소박하고 단순하며 초라하다. 다양한 볼거리와 먹을거리로 관광객들의 마음을 유혹하기에는 한마디로 도시 자체가 너무나 빈약하게 느껴진다.

관광객들뿐만 아니라 많은 과학자의 관심을 끄는 알래스카가 갖고 있는 특유한 매력은 장엄하고 아름다운 자연이다. 알래스카의 자연은 눈, 빙산, 우람한 산림으로 뒤덮인 한 폭의 그림 같은 수많은 섬들, 무수한 희귀종의 알래스카 조류들, 연안의 수많은 종류의 포유동물, 물고기 등으로 이루어져 있다. 그러므로 각종 빙설 운동을 즐기려는 사람들, 썰매를 즐기는 사람들, 모피상인들, 바다 포유동물 사냥꾼들에게 알래스카는 천혜의 자연환경을 갖추고 있는 곳이라 할 수 있다.

1654년 Pogieha 강을 탐색하면서 시베리아의 Kolyma 반도로부터 동쪽으로 항해를 한 Fedot Alekseyev라는 러시아 상인은 이 곳에 금과 모피와 해마의 엄니상아 등이 풍부할 것으로 믿었다. 그 뒤 러시아 사람 Dezhnyov가 모피 교역 상인으로 이 지역을 계속 항해하면서 현재 베링 해협으로 부르게 되는 북극으로부터 태평양을 경유하는 항해를 처음 했다. 그러나 그의 탐험 내용은 중앙 정부에 전달되지 않았고 그는 1725년에 사망했다.

1733년 러시아 정부는 시베리아 자원들을 개괄하는 거대한 탐험을 지휘하고 일본과의 교역을 성립하는 역할을 베링에게 맡겼다. 베링은 미국 해안을 탐험하는 임무도 함께 맡게 되었다. 그는 1725년 6월 시베리아의 캄차카 반도를 출발해서 미국을 향해 항해했다. 그의 항해는 서북쪽 북미 대륙의 청구권을 확립하는 계기가 되었다.

그때까지 러시아 땅이었던 알래스카를 1867년에 미국은 7백 2십만 불을 러시아에 지불하고 사들였다. 그때부터 알래스카는 러시아 아메리카 회사 권한에 속하게 되었고, 1912년 미국 국토가 된 이후부터 괄목할 정도로 알래스카의 광물, 수산업, 임업 그리고 석유 자원들이 개발되었다.

1917년 제1차 세계대전에 미국이 개입할 때 알래스카 사람들은 군에 입대하게 되었고 여러 군수 산업에 종사하게 되었다. 대전 이후에도 알래스카의 경제는 역시 천연자원에 의존할 수밖에 없었다. 1920년 초반에 열

알래스카에서 만난 하느님

린 항공시대는 알래스카 경제에 큰 영향을 주었다. 항공 기술 초기에 알래스카는 큰 역할을 했다.

제2차 세계대전 또한 알래스카를 크게 변화시켰다. 1935년 초기에 미 의회가 지정한 여섯 개의 전략적인 미 육군 항공기지에 알래스카의 항공기지가 포함되고 있다. 공군력을 강력히 주장한 Billy Michell 장군은 1935년 미 의회에서 "태평양 연안국들 중 일본이 미국에 가장 위험한 적국이다. 알래스카가 북미대륙을 비롯해서 아시아와 유럽 등 세계에서 항공기지의 가장 중심이 되는 장소다. 알래스카를 갖는 것은 훗날 세계를 갖는 것과 같다. 알래스카는 세계에서 가장 중요한 전술적 기지라고 나는 생각한다"고 증언했다.

알래스카의 군사 전술기지로서의 중요성 때문에 1940년 미 해군은 알래스카 Sitka와 Kodiak에 해군 공군기지를 설치했다. 1940년 4월 4일 독일군이 노르웨이와 덴마크를 점령했을 때 알래스카 북극의 독일 공군이 곧 알래스카를 공격할는지도 모를 정도로 알래스카는 덴마크와 노르웨이와 아까운 거리에 있다.

1941년 12월 7일 일본이 하와이 미 함대를 공격했고 미국이 그때까지 전쟁 준비에 충분하지 않은 틈을 타서 1942년 6월 3일 일본은 Dutch 항구를 공격해서 즉시 Kiska의 열도와 Aleutians에 있는 Attu를 점령했다. 이로 인한 일련의 사태로 인해 미 의회가 알래스카의 군사시설을 확충하는 예산을 대폭 증액하고 알래스카와 캐나다를 연결하는 1,422miles의 군사고속도로를 만들어 1942년 11월 20일 개통했다.

1943년 5월 11일 알래스카에 150,000명이나 증파된 미군들이 Attu에 상륙했고, 격렬한 전투 끝에 1943년 5월 29일에 Attu를 재탈환 했다. 1943년 8월 14일 미군이 Kiska를 공격한 지 불과 얼마 안 되어 Kiska를 역시 탈환하면서 일본군은 추방되었고, 알래스카의 전쟁은 종결되었다. 전쟁은 알래스카인들의 삶을 크게 변화시켰다.

1941년에서 1945년 사이에 미 연방정부는 20억불의 비용을 들여 알래스카를 군사 전략기지로 만들고 일본군과 전쟁을 하는 데 활용했다. 이때 많은 항만, 부두, 방파제들이 미 해군, 해안경비 그리고 육군 수송 업무를 위해 해안을 따라 건설되었다.

전쟁 이후는 이 해안 지역들이 미국 영토로 귀속되었다. 무엇보다 중요한 것은 알래스카의 수많은 군인들과 건설업자들이 고향으로 돌아가지 않고 알래스카를 그들의 삶의 정착지로 만들었다. 이로 인해 1940년과 1945년 사이에 알래스카의 인구가 7,400명에서 112,000명으로 급증했다.

국가나 지역이나 지도자의 역할이 절대적으로 중요하다. 알래스카가 지금까지 러시아 땅으로 있었다면 현재의 알래스카로 개발되고 발전되기는 불가능했으리라. 알래스카가 러시아로부터 미국의 영토로 매입되었기에 오늘의 유명세를 타게 된 게 분명하다. ✿

알래스카에서 만난 하느님

 카약 체험

뷔페식당에서 아침 식사를 함께 하면서 데이비드 부부가 질문한 내용에 대한 답변식의 대화를 나누다 보니 시간이 거의 8시가 되었다. 다음 기회에 다시 만나 오늘의 대화 내용을 마무리 하자고 서로 약속하고 헤어졌다.

오늘 카약을 경험하기로 한 날인데, 내가 선택하긴 했지만 실은 카약이 무엇인지도 모르고 한 선택이었다. 카약이라는 말이 나에게는 생소하기만 하다. 반 고흐 라운지에 집결해 여러 종류의 관광 옵션에 따라 인원을 점검한 후 안내자를 따라 유람선 밖으로 나갔다.

8시 30분에 라운지에 들어가니 이미 유람객으로 초만원을 이루고 있다. 카약을 선택한 조를 따라 검색대를 거쳐 유람선 밖으로 나갔을 때 우리 조를 기다리는 소형버스가 대기하고 있었다. 카약을 선택한 인원은 불과 열세 명이었다.

유람선 밖으로 나왔을 때 체감 기온은 영하 10도가 될 정도로 차갑다.

바람이 얼굴을 스칠 때면 내가 서 있는 곳이 사철 혹한이 계속되는 가장 추운 지방으로 알려진 알래스카임을 쉽게 느낄 수 있을 정도다.

소형버스를 함께 타고 산림이 우거진 산속 꼬불꼬불한 비포장도로를 따라 약 30분 정도 가니 바닷가에 허름한 큰 창고 같은 집이 있다. 이곳에서 카약을 하는 데 필요한 무릎까지 오는 긴 고무장화를 각자에게 나누어 줬다. 긴 고무장화를 신고 발을 움직이자니 자연히 몸이 둔하다.

긴 고무장화를 신은 채 우리들은 작은 두 척의 고무배에 나누어 타고 약 20분 정도 강하게 부는 바닷바람을 헤치면서 고속으로 달려간다. 높은 산에는 하얀 눈이 쌓여 있고 바람은 강한데 고속으로 달리는 고무보트에 실린 나는 20분밖에 안 걸리는 짧은 시간이지만 온몸이 한기로 꽁꽁 얼어붙는 것만 같다.

두 시간처럼 느껴지는 20분을 달려 고무보트는 바다 한가운데 섬들로 몇 겹이나 둘러싸인 어느 작은 섬의 해안에 도착했다. 열세 명 일행들이 해안에 내리자 기다리고 있던 가이드가 우리를 맞이한다. 가이드는 구명조끼를 나누어주면서 카약을 하는 요령을 가르쳐 줬다. 카약 하나에 두 사람씩 타며, 파도로 인해 뒤집어질 때 구조되는 요령과 카약을 운전하는 요령을 설명했다. 나는 현장에 와서야 비로소 카약이 무엇인지 대략 짐작이 갔다.

카약이란, 깊은 바닷물 위에서 소형 배를 두 사람이 한 조가 되어 양쪽 손으로 노를 저으면서 즐기는 운동이라고 한다. 섬들에 둘러싸여 바람은

알래스카에서 만난 하느님

잔잔한 편이다.

그게 무엇인지 알게 된 순간, 나는 포기하고 이들이 카약을 즐기고 돌아올 때까지 추위를 견디며 해안가에서 기다려야겠다고 생각했다. 나는 가이드에게 카약을 타지 않고 여러분들이 돌아오는 시간까지 해안에서 기다리겠다고 했다. 하지만 가이드는 나에게 카약타기를 권유하면서 자기가 전문가이니 자기하고 같이 타면 안전하다고 나를 설득했다.

어쩔 수 없이 가이드와 함께 탔다. 작은 배 카약을 예전에는 나무 또는 동물 가죽을 입힌 고래 뼈로 만들었는데 오늘날에는 주로 플라스틱이나 알루미늄, 유리섬유로 만든다고 한다. 두 사람이 타도록 두 개의 좌석이 카약의 중심에 있고 양쪽은 길고 뾰족하게 설계되어 있다. 노 젓는 봉은 긴 막대 같은데 양끝은 약간 얇고 평평한 주걱같이 생겼다. 한쪽 노봉 끝을 물에 깊게 넣고 물을 제치면서 올라오는 동시에 다른 팔의 노봉 끝을 물에 넣어서 물을 밀면서 올리고 하는 동작을 연속적으로 할 때 카약이 앞으로 나아간다.

카약은 수백 년 동안 여행이나 운동 수단으로 사용되어 오기도 했다. 운동 경기용 카약은 1866년 스코틀랜드의 '존 맥그리거'라는 사람에 의해 처음으로 고안되었다. 1924년 국제 카약 연맹이 설립되었는데 현재 이 기관은 헝가리의 수도 부다페스트에 있다.

1924년 파리 올림픽 경기에서 올림픽 시범 종목으로 채택된 즉시 유럽에서는 인기 종목으로 급부상하게 되었고, 1936년 독일 베를린 올림픽에서 정식 종목으로 채택되었다고 한다.

열세 명의 유람객들은 안내양의 설명을 들은 후 카약을 타고 바다로 나가기 시작한다. 처음에는 너무나 서툴렀지만 조금씩 요령이 생겨 가이드가 안내하는 방향대로 하다 보니 점점 재미있다. 카약 하나에 두 명씩 탄 일곱 개의 배들이 1시간 30분 이상 섬으로 둘러싸인 바다를 한 바퀴 돌았다.

배의 폭이 원체 좁은 반면 길이는 길어서 자칫하면 물에 빠질 위험도 있고 노봉을 잘못 저으면 다른 방향으로 가기도 한다. 하지만 점점 요령이 생겨 별 어려움 없이 난생 처음 카약타기를 즐겼다.

바닥이 훤히 보일 정도로 수정같이 맑은 바닷물에서 카약을 즐기는 시간은 신령의 세계에 잠시 머무는 것과 같아 기분이 상쾌하고 신비스럽기도 하다. 울창한 상록수로 빽빽하게 들어선 크고 작은 섬들의 해안을 따라 카약을 즐기다 보니 잠시나마 세상사 시름을 잊은 채 신선들이 즐기는 경지에 머물고 있는 것 같다.

바다와 접한 섬 가장자리에는 이름 모를 바다 생명인 해초들이 드리워져 있고 물속에는 수많은 바다 생명들이 살아 숨 쉬고 있다. 섬세한 창조주의 창조 솜씨가 마냥 신비스럽기만 하다. ☸

알래스카에서 만난 하느님

 카약을 탄 후 유람선에서

1시간 이상 카약을 즐기고 해안으로 다시 돌아오니 마치 신선의 세계에 잠시 머물다 속세에서 새로이 태어난 것이 아닌지 착각을 할 정도로 기분이 어리둥절하다.

짤막한 경험이었지만 평생 잊히지 않을 정도로 강한 인상을 받았다. 무엇보다도 바다 수면과 닿아 있는 나무들로 빽빽이 들어선 섬의 끝자락에 카약이 맞닿는 순간, 수천 년 동안 남몰래 살아온 자연의 숨소리가 귀에 들리는 것 같았다. 잠시 머물렀지만 마음 안으로 스며드는 수천 년 해묵은 자연의 향기는 세상이 주지 못하는 평화의 진한 향기와도 같다.

창조주가 만들어 낸 아기자기한 섬 기슭을 따라 노를 저으며 자연의 경관을 온몸으로 경험한 그 순간은 카약을 즐기는 보람을 마음껏 누리게 된다. 자연을 통해 보여 주시는 창조주의 심오한 신비와 카약을 몰고 다니며 경험하는 주변 환경이 어우러져 아름다운 경치를 이루고 있었다.

잔잔한 바다 위에서 주어진 시간 동안 카약을 즐기다가 섬 해안으로 노

저어 나오니 우리 일행들을 태워다 주었던 고무보트 두 척이 이미 와서 기다리고 있다. 구명조끼를 반납하고 다시 두 척의 고무보트에 나누어 타고 출발했던 곳으로 돌아왔다.

뭍에 내리자 아침에 우리를 이곳까지 데려다 준 소형버스가 와 있다. 각자 무릎까지 오는 투박한 긴 고무장화를 벗어 반납하고 유람선으로 돌아오니 오후 2시경이다. 나는 점심을 먹기 위해 뷔페식당으로 갔다.

뷔페식당은 언제나 유람객들로 분주하다. 먹을 음식을 플라스틱 쟁반에 담아 Ketchikan 항구가 마주보이는 창가 식탁에 앉았다. 부두에 정박해 있는 유람선 뷔페식당 창밖으로 유람 관광을 마치고 유람선 안으로 들어오기 위해 길게 늘어선 사람들이 보인다. 또한 관광을 위해 유람선을 나가는 사람들, 부둣가에 있는 각종 음식점들, 기념품 상가들과 주점들이 즐비한 거리를 걷고 있는 사람들을 보면서 점심을 먹었다.

바다에 접한 산언저리를 개발한 도시이기에 도시의 배경을 이루는 산에는 마치 흰 반점의 검은 머리를 연상케 할 정도로 정상 곳곳이 눈에 덮여 있다. 거리는 눈 녹은 물로 질퍽질퍽하다. 6월인데도 겨울이나 다름없는 매서운 추위로 여기저기 쌓여 있는 눈을 보고서도 여기가 알래스카라는 사실을 쉽게 느낀다.

사람에 따라 생활 취향이 다르지만 이와 같이 일 년 내내 눈이 오고 영하의 추위가 계속되는 알래스카 지역에 살고 싶은 생각은 없다. 며칠씩 관광 목적으로 세계 다른 지역에서는 볼 수 없는 특유의 웅장하고 아름다

알래스카에서 만난 하느님

운 산림, 바다, 거대한 빙산과 그리고 알래스카의 독특한 전통적인 유물들을 보는 것으로 만족한다.

카약을 하면서 시장해진 나는 왕성한 식욕으로 점심을 잘 먹었다. 뷔페 음식은 즉석에서 자기 기호에 맞는 다양한 양질의 음식을 골라 자기가 먹고 싶은 대로 먹으면 되기에 편리한 점이 많다.

시간을 보니 오후 3시경이 되었다. 식탁에서 일어서는 순간, 누가 나의 어깨를 치면서 당신이 유람선 지도 신부님이냐고 묻는다. 신부님의 이름을 유람선에서 발행하는 매일일보에서 보았는데 Father Anthony Chung 유람선 지도 신부님이냐고 물으면서 나의 얼굴을 뚫어지게 쳐다본다. 뷔페식당 뒷좌석에서 점심을 먹고 있었는데 옆에 앉아 있던 친구가 저 사람이 유람선 지도 신부님이라고 하면서 귀띔을 해주었다고 한다.

자기와 한 식탁에서 함께 식사를 한 사람은 가톨릭 신자로, 그는 내가 봉헌하는 미사에 두 번이나 참석을 했었단다. 내가 쓴 책 《Whom Do You Seek?》을 읽은 적이 있다며 자기는 샌프란시스코 Bay지역에서 왔는데 책방에서 내 책을 구입했다고 한다. 그리고 저자에게 사인을 받아야 되겠다는 생각이 들어 내가 사는 사제관으로 와서 사인을 받은 적이 있다고 한다.

그렇지 않아도 언제 한번 만났으면 하는 생각을 했다고 하면서 반가워한다. Joe라고 자신의 이름을 밝힌 그는 신부님 책 중에서 교도소 사목에 대한 내용을 읽고 감명을 받았다고 한다. 유람 여행을 하는 동안 꼭 한 번 만나길 희망한다고 하면서 내 방 번호를 달라고 하기에 방 번호를 전해주고 시간을 보니 벌써 4시가 다 되어 간다. 5시 미사 시간 때문에 기회 있을 때 전화를 하라고 부탁하고 서둘러 방으로 오면서 조금 전에 헤어진 Joe라는 중년 신사를 기억해 보려고 했지만, 언제 만났었는지 기억이 잘 나지 않는다.

방으로 돌아온 나는 미사 때 해야 할 강론을 구상하면서 약 30분 후에 미사를 봉헌할 Half Moon Room으로 갔다. 시간이 거의 4시 30분인데 미사 드릴 홀에는 한 사람도 없고 강단 위에는 미사 준비가 이미 되어 있다.

미사 시간인 5시가 가까워지니 사람들이 오기 시작했다. 정각 5시에 미사를 시작했을 때는 거의 60명에 가까운 신자들이 모였다. 이번 유람선에서 미사 봉헌은 이번이 네 번째다. 미사 참례자 대부분이 미국에서 온 백인들이며 다섯 명 정도 유럽에서 온 분들이고 동양계 사람들이 약 네 명 정도이고 남미에서 온 사람들도 몇 명 있다. 대부분의 미사 참례자들은 거의 매일 미사를 참례하는 분들이다. ☸

알래스카에서 만난 하느님

 관광 체험담을 나눈 강론 시간

 미사 때 말씀의 전례에 독서할 사람을 찾는데 여러 사람이 손을 들면서 서로 독서를 하려고 한다. 제일 먼저 손을 든 중년 남자가 첫 독서를 하고 둘째 독서는 마리아란 부인에게 부탁했다.
 뒤이어 사제가 복음을 낭독하고 강론을 하는 시간이다. 오늘 관광을 하면서 경험한 영적 소감이 있으면 간단하게 해 보라고 제의를 했다. 한 젊은 부인이 손을 번쩍 들면서 자기가 경험한 영적 소감을 말하겠다고 한다. 자기는 비행기를 타고 공중에서 겹겹이 눈으로 덮인 수천 년 묵은 거대한 빙산을 둘러보았다고 하면서 자랑한다.
 꽁꽁 얼어붙은 빙산에도 하느님의 현존이 가능하신지 비행기 속에서 주님이 추워 어떻게 지내시는지 걱정을 하며 설경을 구경했다고 한다.
 "인간의 거칠고 난폭한 마음과 사악한 생각들을 무리 없이 조절하면서 순화시키고 교화시키는 양질의 성분들이 자연 안에 무진장으로 매장되어 있습니다. 창조주 하느님이 만들어 낸 자연의 아름다움, 정교함, 웅장함,

섬세함, 광활함, 솜털같이 부드러운 친절함, 인간의 기를 죽이는 무서운 천동, 번개를 비롯한 자연의 노여움 등등 자연을 접하면서 인간은 느끼고 배우는 바가 많습니다. 이렇게 배우는 작업을 통해 인간의 거칠고 난폭한 기질은 순화되고 정화되는 것 같이 느껴집니다. 대가를 지불하지 않고 베푸는 자연의 혜택을 묵상하고 체험하면서 감동과 감탄을 연속적으로 느낄 때 스며드는 각종 은사들은 거친 인간의 마음들을 변화시키는 데 천혜의 약효가 있다고 생각합니다."

이렇게 말한 한 부인은 미국 남부 텍사스 주에서 온 대학교 교편생활을 했던 분이다. 두 분의 이야길 듣다 보니 시간이 벌써 20분 흘렀다. 시간 때문에 다른 사람의 영적인 경험을 더 이상 들을 수 없게 되었다. 주례 사제인 내가 간단하게 결론으로 오늘 관광을 통해 경험한 영적인 소감을 아래와 같이 마무리했다.

"창조주이신 하느님은 우주공간 아니 계신 데 없이 계십니다. 어떠한 형태로 계시는 걸까요? 무형한 순수 영으로 현존하시기에 오관을 통해 사물을 감지하는 데 익숙한 인간의 물리적인 조건으로서는 하느님을 인식한다는 것은 완전히 불가능합니다. 절대존재이신 하느님은 오관을 통해 경험할 수 있는 모든 실체를 초월해 존재하시는 분이십니다. 하느님의 무한한 창조능력으로 만든 자연 안에 인간이 생존하는 데 절대적으로 필요로 하는 물리적인 혜택뿐만 아니라 각자 안에 내재하시는 하느님의 모습인 인간의 영적 존재에도 무수한 혜택을 얻도록 하느님은 배려하셨습니다. 그래서 우리를 둘러싸고 있는 자연 안에 인간의 마음이 순화되고 영글어지게 만드는 무진장의 보물이 보관되어 있는 것입니다."

강론을 매듭짓고 미사를 계속했다. 영성체 때 이미 자기 본당에서 성체 분배권을 얻은 젊은 부인이 나와서 성체를 분배하는 나를 도왔다.

미사를 끝내고 인사를 나눌 때 참석했던 대다수의 신자들이 오늘 일일 관광을 통해 경험한 영적인 소감을 하고 싶었는데 시간상 못한 것을 못내 아쉬워하는 표정이다. 미사에 참석한 신자들의 이러한 반응을 보면서 어디에 가나 자신의 확고한 신앙과 연관시켜 나름대로 생각하고 묵상하려고 하는 미국 신자들의 신앙적 태도가 무척 자랑스럽게 느껴졌다.

성당에서나, 묵주의 기도를 할 때나, 따로 시간을 마련해서 염경기도를 할 때를 제외하고도 그들의 신앙은 언제나 살아 숨 쉬는 생명력을 가진 믿음같이 보인다. 자기가 처해 있는 어느 환경에서든, 누구와 만나 대화를 할 때나 하느님과의 관계를 구체적이고도 실질적으로 맺어나갈 수가 있기 때문이라고 생각한다. 이런 점이 성당에 갈 때만 가지고 다니는 신앙과는 판이하게 다른 양질의 신앙이리라.

미사 후 일일이 인사를 나누고 곧장 방으로 와서 편리한 옷차림으로 유람선 부두에 정박해 있는 유람선 갑판을 걸으면서 바깥을 보았다. 시내 관광을 즐기기 위해 유람선 밖으로 나가는 사람들, 유람 관광을 마치고 유람선 안으로 들어오는 사람들로 부두에 접한 유람선 출입구 주변이 분주하기만 하다.

우리가 탄 유람선뿐만 아니라 약 4~5척의 다른 회사 유람선들 역시 가깝게 이웃하여 정박해 있다. 여러 회사들의 많은 유람선들이 매일 전 세계 유람객들을 태워 알래스카로 줄지어 오고 간다.

부두에는 몇 대의 소형 경비정들이 Ketchikan 해안 순찰을 하느라 해안을 바쁘게 순회하고 있다. 소형 개인용 유람선들도 항만을 따라 오간다. 많은 어선들이 정박해 있는 항구가 잠시도 쉴 틈이 없어 보인다.

나는 주변을 약 열 바퀴 돌면서 항구 주변의 분주한 광경들, 그리고 항구의 뒷마당 같아 보이는 빽빽이 들어선 울창한 산림과 눈으로 치장한 높은 산과, 반대편의 푸른 바다를 보면서 걸었다.

마악 피어나는 석양 노을이 주변과 어우러져 만들어내는 경치는 아름다운 한 폭의 풍경화와 다름없다. 바다에 떠다니는 여러 종류의 선박들이 벌써 불을 밝히고 바다 위를 바쁘게 움직이고 있다. 바다 건너편 우람한 산중턱에는 수천 년 동안 쌓이고 쌓인 눈 덮인 빙산이 보인다. 노을이 지고 있는 이 풍경속에 알래스카가 아니고서는 볼 수 없는 알래스카 특유의 고유한 멋이 담겨 있다. ☸

알래스카에서 만난 하느님

신앙 이야기로 즐거운 저녁식사

유람선 둘레를 약 열 바퀴 돌고 나니 땀이 흠뻑 밴다. 몰아치는 강한 해풍으로 체감온도는 거의 영하 10도에 가까울 정도로 추웠지만 빠른 걸음으로 쉬지 않고 걷다보니 속옷이 땀에 흠뻑 젖었다.

몇 겹의 옷 위에 긴 고무장화를 신고 카약을 쉴 새 없이 노봉을 젓던 그때도 속옷이 젖을 정도로 땀을 흘렸기에 몸이 끈적끈적했었는데… 걷고 나서 반드시 하는 맨손 체조를 하고 나니 기분이 그지없이 상쾌하다. 그리고 방으로 돌아와 샤워를 하고 나니 몸이 날듯이 개운하다.

매일 하루도 빠지지 않고 걷는 이유가 바로 이런 맛을 알기 때문이다. 좋은 건강을 유지하는 데 어떠한 보약보다 효과가 좋다고 느낄 정도로 현재까지는 건강이 양호하다. 몇 년째 감기 한 번 앓아 본 적이 없이 잘 지내고 있는 것도 매일 철저히 걷는 덕분이라 여긴다.

방에서 쉬면서 티비를 보다가 나도 모르게 잠이 들었다. 잠결에 전화벨이 울리는 것 같아 엉겁결에 수화기를 잡으니 두 번이나 같은 식탁에서 식사를 한 Jack이라는 사람의 투박한 음성이다. 저녁시간에 신부님이 나타나지 않아 전화를 했다고 한다. 지금이 몇 시냐고 물으니 8시 30분이란다. 가겠다고 말을 건네고나서 즉시 5층 대형 식당에 가서 승무원의 안내를 받으며 지정된 식탁으로 갔다.

여섯 명 전원이 앉아 식사를 하다가 나를 보더니 반가운 표정으로 박수를 치며 나를 맞이한다. 첫날 저녁식사 때부터 같은 식탁에 앉아 상반되는 종교적인 견해로 약간 불편한 심기를 각자 경험했지만 저녁식사가 끝날 무렵에는 친구 같은 느낌을 갖고 헤어진 분들이다. South Carolina 주에서 가족들과 함께 남부침례교회에 열심히 다니는 신자들인 것 같다.

식사 때 바로 내 옆 자리에 앉은, 몸이 뚱뚱하고 키가 큰 60대 가까이 보이는 Jack이 나에게 전화를 했다. 이분은 첫날 저녁 같은 식탁에서 저녁을 함께 할 때부터 나에게 아주 친절하면서 구수한 음성으로 대화를 나눈 분이었다.

웨이트리스가 와서 나의 음식을 주문받는다. 나는 정식이 나오기 전 가벼운 음식으로 거북이 알을 갈아 만든 스프를 주문하고 구운 양갈비와 구운 감자를 주문했다. 후식으로는 우유에다 망고와 호두를 함께 넣은 주스를 주문하고, 마지막으로 카페인 없는 커피를 주문했다.

옆 좌석에 앉은 Jack이 물었다.

"신부님 사제 생활을 하면서 가장 보람 있는 일이 있다면 어떠한 일이었나요?"

음식을 먹으며 대답을 했다.

"저는 원래 불교 집안에서 태어나 열아홉 살 때까지 불교를 믿었습니다. 불교를 믿는다 해도 성당이나 교회처럼 매주일 미사나 예배를 보려고 가는 것같이 매주 절에 가는 것이 아니라, 일 년에 한 번 정도 아버지를 따라 약 5mile 정도 떨어진 곳에 있는 절에 가서 하룻밤을 보내고 오는 것이 고작이었습니다. 옛 조상 때부터 영문도 모르면서 믿어왔기에 그저 불교 신자라고 불러왔을 따름이지요.

그 후 열아홉 살이 되었을 때 처음 가톨릭을 알았고, 스물두 살에 영세를 받았고, 스물일곱 살에 신학대학교에 입학했으며 서른다섯 살에 신부가 되었습니다.

그 때나 지금이나 신부가 되었다는 그 자체만으로도 내게는 보람된 일입니다. 인간 구원을 위해 이룬 그리스도 구원 업적을 사람들에게 널리 알리고 행하며 지키는 그리스도의 사도직 업무를 지상에서 대행한다는 것 자체가 언제나 내겐 큰 보람이지요.

무엇보다 그리스도의 말씀이 나로 인해 전파되어 사람들이 그리스도를 믿게 될 때가 수없이 많은데 그럴 때마다 정말 사제가 되길 잘했다는 생각이 듭니다. 또 사람을 교화시켜 올바른 길로 안내했을 때도 사제가 된 보람을 느끼게 됩니다."

이번은 Jack이 말할 차례다.

"저는 7대째 남부침례교회에 다니고 있습니다. 아버지는 교회장로였고 교회 공직에서 은퇴한 후 지금은 명예장로로 여생을 보내는 구순이 된 노인이십니다. 저희 가족은 7대째 같은 교회에 나가고 있기 때문에 타 종파를 접할 기회가 거의 없습니다. 가톨릭은 교계 제도가 분명해서 개신교처럼 교회 안의 다양한 직분에 대한 지나친 경쟁이 없는 점이 장점이라 생각됩니다. 그리고 사제가 결혼하지 않고 오로지 주님만을 위해 자신의 삶을 투신해 독신으로 살아간다는 것이 우리에겐 가톨릭이 가진 매력인 것 같습니다.

저는 주일 예배는 가능한 한 빠지지 않은 평범한 신자인데 그리스도의 이름으로 생겨난 수많은 서로 다른 교파간의 비방과 중상은 너무나 안타까운 일입니다.

그리스도가 원하는, 그리스도가 세우신 참된 교회를 믿어야 되는데 이렇게 많은 교파 중에서 그리스도의 참된 교회가 어느 것인지 찾아내기는 쉬운 일이 아닌 것 같습니다. 그리스도께서도 당신 이름으로 수없이 갈라지고 있는 교회 현상을 결코 원하시지는 않으실 겁니다."

대대로 침례교회에 몸담아 온 신자로서는 보기 드물게 자기 교회에 대한 개혁 성향을 강하게 내비치고 있었다.

이런 이야기를 주고받는 사이 내가 주문한 음식을 거의 다 먹었다. 시간을 보니 11시가 가까웠다. 내일 이 시간에 또 만나 오늘과 같은 유익한 이야기를 나누자며 자리에서 일어났다. ✿

알래스카에서 만난 하느님

알래스카 유람선 지도 신부

두 번째 이야기

PRAYER IN ALASKA

_ 항구에 정박한 거대한 유람선

Juneau 시 빙산공원 Mendenhall

저녁식사 때 Jack과 나눈 대화가 나에게는 참으로 보람있는 시간 이었다. 남부침례교회 신자와 가톨릭 신부간의 대화가 서로의 종교를 이 해하고 수용하며 서로 마음을 열었기에 대화의 물꼬가 트인 것 같았다.

첫날 저녁식사 때 함께 한 여섯 분이 전부 다 침례교회만이 참된 구원 이 있는 종교라고 주장하면서 가톨릭에 대한 비판적인 시각으로 나를 향 해 무례한 논쟁을 시도하려고 했었는데 말이다.

그런데 오늘 저녁은 적어도 가톨릭에 대해 180도로 다른 태도를 보일 정도로 타 종교, 특히 가톨릭을 수용하고 이해하는 변화된 모습을 보이니 신기하게 느껴졌다.

저녁 식사를 끝내고 방으로 돌아온 나는 오늘 하루가 잘 마무리 된 것 을 우리 마음을 주관해 주신 주님께 깊이 감사드렸다. 거의 12시가 가까 이 되어 방에 들어왔는데 전화기에 빨간 불이 깜박거린다. 녹음된 전화 내용은 다음과 같다.

"오늘 점심 때 뷔페식당에서 잠깐 만난 Joe입니다. 신부님과 한번 만나 신부님이 교도소 사목을 하면서 겪은 감동적이고 잊을 수 없는 사형수 체험을 직접 듣고 싶어서 전화 드렸습니다. 사정이 괜찮으시다면 오늘 저녁 뷔페식당에서 저녁을 먹으며 신부님 이야기를 듣고 싶은데 시간을 내주실 수가 있습니까?"

그러면서 자기 방 전화번호를 내 전화기에 남겨두었으니 전화를 해달라는 내용이다. 하지만 몹시 피곤한데다 자정이 가까운 시각이기에 답신 전화를 하지 못한 채 간단한 감사기도를 바친 후 곧장 깊은 잠에 빠졌다.

아침에 일어나니 벌써 6시가 되었다. 이미 유람선은 알래스카의 수도 Juneau 항에 정박하고 있다. 나는 뷔페식당으로 갔다. 몇 가지 음식을 큰 쟁반에 담아 창가 식탁에 앉았다.

벌써 Juneau 관광이 시작되어 사람들이 유람선 밖으로 무리를 지어 나가고 있다. 약간 흐리고 바람이 세차게 부는 차가운 날씨다. 창문 밖을 내다보니 항만과 접한 도시의 거리를 두터운 옷차림을 한 사람들이 많이 걸어 다니고 있다. 그들의 모습에서도 알래스카 특유의 차가운 기온이 느껴진다.

Juneau는 알래스카 남부의 심장부에 해당하는 도시다. 주 수도로 1900년에 합병된 더글라스 섬 반대편 Gastineau 운하 위에 있는 항구를 포함 좁고 길쭉하게 생긴 지역에 있는 Juneau 특구와 함께 확장이 된 곳이다. Robert 산과 Juneau 산 기슭에 위치한 Juneau 시는 정부 기능을 포함해

알래스카에서 만난 하느님

어획 및 어류 가공시설과 관광산업 등을 주도하는 방대한 이 지역의 상업과 물량 공급의 중심지다. Juneau 시로부터 오고 가는 수송 수단은 대부분 선박이나 비행기다.

Juneau에는 알래스카 주립대학교가 있고 알래스카 주립박물관과 광물박물관이 있다. 그리고 Juneau 시 가까이에는 만으로 둘러싸인 국립 빙산공원인 만년설의 거대한 Mendenhall 빙산이 있다. 캐나다와 알래스카 사이의 국제경계를 조사 측량했고 알래스카 경계의 임무를 띠고 일했던 Thomas Corwin Mendenhall이라는 사람의 이름을 따서 Mendenhall 빙산으로 명명한 것이다.

Mendenhall 빙산은 길이가 12mile^{19.2km}이고, 넓이는 1.5mile^{2.4km}이며, 깊이는 120m에서 제일 깊은 곳은 240m나 된다.

1880년 Joseph Juneau와 Richard Harris라는 두 사람이 이 지역에서 금을 발견하고 주민들의 정착을 위해 이곳을 금광 마을로 개발하도록 유도했다. 그래서 이 지역은 Joseph Juneau이라는 이름에서 딴 Juneau라는 도시가 된 것이다. 1940년경에 거의 모든 금광이 문을 닫게 되었지만, Juneau 시는 1900년에 공식적으로 알래스카 지역의 수도가 되었다.

1970년에 도시 경계가 미국에서 가장 큰 지역을 차지한 Juneau 시 구역으로 크게 확장되었다. 2004년 인구조사에 의하면 Juneau 시 인구는 31,118명이다.

오늘은 Mendenhall 빙산과 바다의 야생동물인 고래를 탐색하는 6시간

_ 알래스카 설경

30분이 소요되는 관광을 하는 날이다. 요금은 300불이라고 한다. 그러나 유람선 지도 신부인 나에게는 무료표가 배당되었다.

　우리 일행은 아침 8시에 출발해야 한다. 아침을 먹고 방으로 돌아온 나는 따뜻한 잠바를 입고 유람선 밖으로 나갔다. 물론 유람선을 나갈 때나 들어올 때에는 반드시 검색대를 거치고 신분을 확인해야 한다.

　유람선 밖으로 나오니 산에 쌓인 차가운 눈을 스치며 불어오는 바람이 얼굴에 닿는다. 매서운 추위다. 각기 선택한 여러 종류의 관광코스로 운

　　　　　　　　　　　　알래스카에서 만난 하느님

행하는 버스에 관광객들이 이미 탑승해 있다.

우리 일행을 태운 대형 관광버스는 Juneau 시에서 불과 얼마 떨어지지 않은 곳에 있는 거대한 Mendenhall 빙산을 향해 갔다. 빙산을 마주보는 광장에는 수십 대의 관광버스가 관광객을 기다리고 있었다.

수천 년 동안 쌓인 눈이 얼음바위로 변한 거대한 빙산을 바로 눈앞에서 보니 신비스럽기만 하다. 자연의 이치라고는 하지만 이 또한 하느님의 창조 솜씨임에 틀림없다. 알래스카에서만 볼 수 있는 거대하고 웅장한 빙산을 마음과 머리로 읽고 눈으로 보면서 창조주의 무한한 절대능력의 오묘하고도 위대한 신비를 터득하느라 잠시나마 빙산 앞에 머뭇거리며 시간을 보냈다.

사람들은 제각기 보는 시각에 따라 빙산을 보는 느낌이 각양각색이지만 내 마음 안에 첫 번째로 떠오르는 생각은 창조주의 무궁무진한 창조의 능력이다. ✿

 빙산 앞에서

매일 무수한 관광객들 앞에 모습을 선보이는 신비에 찬 거대한 Mendenhall 빙산은 수천 년 동안 쌓인 눈으로 얼어붙은 자연의 신비를 무언의 말로 전하고 있다. 마음의 시각에 따라 온갖 것을 다 상상하고 추리하도록 완전히 자신을 열어놓고 관광객을 맞이하는 것 같다.

보는 사람에 따라 그 느낌은 각기 다를 수밖에 없으나, 나의 감회는 역시 하느님의 절대적인 능력에 따른 섭리이다. 웅장한 빙산의 모습에서도 나는 창조주의 놀라운 솜씨의 한 면을 간접적으로 읽게 된다.

Mendenhall 빙산을 지척에서 바라보고 있는 많은 관광객들이 자연의 웅장한 경관을 나름대로 오래오래 기억하기 위해 영상을 카메라에 담느라 분주하다. 빙산 관광을 허용하는 시간은 불과 1시간 30분밖에 되지 않는다. 빙산을 비롯아여 그 주변의 자연을 보고 느끼고 묵상하면서 많은 시간을 보내고 싶지만 계획에 따라 움직여야 하기에 어쩔 수 없이 아쉬운 마음을 접고 관광버스에 올랐다.

알래스카에서 만난 하느님

다음은 바다 관광을 목적으로 건조된 작은 배를 타고 알래스카 무공해 청정 바다를 달리며 고래를 비롯하여 바다사자와 알래스카독수리 등 야생동물을 보는 시간이다.

100여 명을 태운 소형 유람선이 몇 겹으로 둘러싸인 크고 작은 섬 사이를 고속으로 질주한다. 빽빽하게 들어선 상록수로 짙게 치장을 한 섬들을 지나 배는 바닷물을 제치고 재빠르게 달린다.

고래가 자주 출몰하는 지점에 와서는 고래가 수면 위로 떠오르기를 기다리고 있는 관광객들이 고래를 볼 수 있도록 배가 속도를 줄인다. 사람들은 너나없이 배 난간에 몰린다. 거대한 고래의 모습을 사진에 담기 위해 카메라의 초점을 맞추며 기다린다. 그러다가 수면 위로 잠시 고래의 모습이 나타나면 모두들 함성을 지르면서 셔터 누르기에 여념이 없다.

바위들로 이루어진 섬 가장자리에 물개와 바다사자들이 수천 마리씩 떼를 지어 일광욕을 하는 장면 역시 장관이다. 알래스카가 아니고는 볼 수 없는 진풍경이다. 겹겹이 둘러싸인 섬들이 바다와 접하는 해안에 알래스카의 바다동물이 서식하는 신비의 장소가 인간에게 노출되는 것만으로도 이들의 생명이 위험에 빠질 확률이 높다. 구름 한 점 없이 깨끗하고 맑은 날씨. 게다가 바람마저 없어 잔잔한 무공해 바다를 제대로 즐길 수 있는 멋진 날이다.

이른 아침 Juneau 항구에 정박한 유람선을 빠져나올 때만 해도 눈과 얼음으로 뒤덮인 빙산을 스치며 불어오는 차가운 바람 때문에 체감온도가 영하 10도가 넘을 정도로 추웠고, 구름마저 Juneau의 하늘을 뒤덮고 있었다. 그런데 해양성 기후의 영향으로 날씨가 하루에도 몇 차례나 변덕을 부리는, 변화무쌍한 알래스카다.

수면 위로 떠오르는 고래를 보는 관광을 중심으로 약 2시간 정도 소형유람선을 타고 방대한 알래스카 바다의 일부분을 보는 것으로 바다 야생동물 관광은 끝나고 우리가 탄 소형유람선이 섬 언저리에 닿았다. 우리는 기다리고 있던 몇 대의 소형버스를 타고 노천에 준비된 뷔페음식을 먹으러 갔다.

밀림 속 간이식탁 위에는 여러 가지 뷔페음식이 진열되어 있다. 거대한 석쇠 위에 즉석에서 구운 이 지역의 명물 연어와 닭다리, 돼지 갈비, 소고기 스테이크를 마음껏 먹을 수 있도록 준비해 놓았다. 그리고 각종 샐러드, 구운 감자와 여러 종류의 빵도 있다.

관광 코스에 따라 별도로 관광을 마친 몇 그룹의 유람선 관광객들이 같은 장소에 준비해 놓은 야외 뷔페음식을 먹으러 관광버스를 타고 모여든다. 바삐 다니며 관광을 하느라 시장한 관광객들은 야외 숲속에 준비된 뷔페음식을 왕성한 식욕으로 마음껏 먹는다.

즉석에서 구워내는 각종 고기 맛은 그야말로 일품이다. 물론 관광객들이 양껏 먹은 뷔페음식으로 값은 미리 낸 관광비에 포함되어 있다. 오늘 야외에서 먹은 이 뷔페음식 값이 적어도 30~40불은 충분이 되리라 싶다.

나는 지도 신부이기에 무료로 대접을 받았다. 야외 뷔페 음식을 마음껏

알래스카에서 만난 하느님

먹으며 즐거운 시간을 보내는 유람객들을 한층 더 즐겁게 하기 위해 악단이 흥을 돋운다. 기타를 치는 나이 어린 소녀, 만돌린을 치는 청년, 전자 오르간을 치는 소녀, 그리고 콘트라베이스를 연주하는 청년, 바이올린을 켜는 잘생긴 중년 남자, 그리고 마흔이 넘어 보이는 미모의 부인은 이들의 반주에 따라 유창하게 노래를 부른다.

노래가 끝나자 기타를 치는 나이 어린 소녀가 함께 연주한 단원들을 소개한다. 바이올린을 켠 사람은 아버지, 노래를 멋지게 부른 미모의 부인은 어머니, 전자 오르간을 친 소녀는 언니, 만돌린을 친 청년은 작은 오빠, 그리고 콘트라베이스를 연주한 청년은 큰 오빠라고 하면서 다섯 명으로 구성된 수준 높은 가족 악단들이라며 자신들을 소개했다.

관광객들을 즐겁게 한 가족 악단의 음악을 흥겹게 듣고 그냥 있는 사람은 아무도 없다. 각자 나름대로 성금함에 성의를 표시한다. 식사를 하며 약 1시간 정도 수준 높은 음악을 들려준 성의가 너무나 고마워서 나도 30불을 성금함에 넣었다. ⚓

 그날의 미사 강론

다섯 명으로 구성된 가족 악단의 음악 연주를 들으며 뷔페음식을
먹은 곳은 아름드리 상록수가 우거져 있는 아름다운 숲속이었다.
다람쥐가 여기저기 뛰어 다니다가 음식을 먹는 우리 사이를 겁없이 파
고들면서 뒷발을 치켜들고 고사리 같은 앞발로 음식을 받아먹는다. 다람
쥐가 입을 오물오물 하면서 음식을 먹는 장면들을 보며 악단의 연주를 듣
다 보니 바로 여기가 신선이 노는 무아의 세계 처럼 느껴진다. 울창한 숲,
졸졸 소리 내며 흘러내리는 개울, 이름 모를 산새들이 부르는 노랫소리
들, 겁 없이 사람 곁을 파고들며 재롱을 떠는 귀여운 다람쥐들… 자연이
제공하는 분위기는 한마디로 낙원이다.
이러한 자연환경 속에서 수준 높은 가족악단의 아름다운 연주를 경청
하며 입맛을 돋우는 음식을 맛보고 우리는 대기하고 있는 버스를 타고 유
람선에 돌아왔다. 오후 7시까지 유람선에 돌아오면 되므로 어떤 사람들은
Juneau 시내에서 관광 상품이 진열된 상점에 들러 기념품을 사는 등 자

알래스카에서 만난 하느님

유 시간을 즐겼다.

유람선 검색대를 지나 유람선 안으로 들어온 나는 곧장 방으로 들어왔다. 어느새 4시가 되었다. 오늘은 미사 시간이 오후 5시다. 미사 전까지 한 시간의 여유 밖에 없다. 방에서 미사 강론을 구상하면서 30분 정도 시간을 보내다가 미사를 봉헌할 장소인 Half Moon Room으로 갔다. 무대 위의 임시 제대 위에는 미사 준비가 이미 되어 있고 약 10여 명의 신자들이 앉아서 기도를 바치고 있다.

5시 정각에 미사를 시작했다. 약 50명 정도 모였다. 가톨릭 미사는 주님과의 관계를 계속 이어가는 구체적인 기도의 중심다. 그리고 가톨릭 신앙의 성장 동력을 제공하는 하느님이신 예수 그리스도를 구체적으로 만날 수 있는 은혜로운 기회다. 그래서 미사는 대단히 중요하다.

신자들은 미사에 참례하기 위해 성당에 간다. 미사 때 주님의 능력으로 사제의 손을 통해 이루어지는 성체를 모시고자 성당에 가는 것이다. 성체를 모시는 그 자체가 예수님과의 관계를 재확인하며 예수님과 일치를 이루는 최고 높은 수준의 기도이며 예수님을 구체적으로 체험할 수 있는 황홀한 순간이라 할 수 있다.

인류 구원을 위해 세상에 오신 숭고한 사명을 예수님은 지상 생활을 통해 빈틈없이 완성하셨다. 그리고 불가사의한 무수한 기적을 통해 그리스도 자신의 천주성을 유감없이 입증하셨다. 세기가 끝날 때까지 변할 수 없는 그리스도의 생명에 찬 말씀을 통해 구원에 절대적으로 필요한 생생한 말씀들을 사람들에게 남겨 주신 것이다.

예수님은 당신이 보이신 기적들과 말씀이 헛되지 않음을 보증하기 위해 십자가에서 돌아가셨고 사흘 만에 부활하셨다. 그리고 부활하신 후 40일 만에 승천하셨고, 승천하신 후 열흘 만에 세상과 교회를 주님의 뜻대로 영원히 다스릴 수 있는 성령을 보내셨다.

인류 구원의 사명을 완벽하게 완성하신 예수님은 모든 공로를 예수님께서 세우신 교회에 맡기셨다. 맡겨진 구원 공로가 집약된 전례가 바로 우리가 매일 참례할 수 있는 미사이다.

미사 전례 안에 인간 구원에 절대적으로 필요한 은혜가 함축되어 있으며 함축된 은혜 가운데 구원의 핵심을 이루는 본질은 바로 예수 그리스도를 모시는 성체성사이다. 예수님을 정성스레 모시고 살아계신 그리스도를 우리 삶 안에서 다시 체험하는 것이다.

미사 때 위의 내용을 담은 강론으로 미사 참례한 신자들에게 미사의 중요성을 일깨워 주었다. 성체를 영접하는 시간에 한 분의 성체 분배 봉사자가 사제와 함께 성체를 분배했다. 유람선의 바쁜 일정이 연이어 계속되는 중에도 미사에 빠지지 않고 참례하는 신자들이 마냥 장하고 자랑스럽다.

미사 후 인사를 나누는데 어느 노부부가 나에게 다가와서 오늘 미사 강론이 좋았다고 칭찬하며 인사를 시작한다. '유람선 유람객들 중의 약 80% 가까운 숫자가 가톨릭 신자들인데 이들의 1/10만이라도 미사 참례를 한다면 미사를 집전하시는 신부님이 열 배나 더 보람을 느낄 텐데', 하고 나를 격려한다. 자기는 옛날 한국전쟁이 발발했던 1950년대에 한국 전쟁에 참전했던 해병대 소령이었다고 한다.

그 당시 비참했던 한국의 가난한 과거에 비해 현재 한국은 백 배 이백 배로 발전하고 경제 규모도 상상을 초월할 정도로 성장했다고 하면서 놀라워 한다. 남북이 통일되면 유럽의 작은 나라 스위스처럼 같이 극동에서 최고로 잘 살 수 있는 나라가 될 것이 분명하다고 하면서 남북으로 분단된 현실을 안타까워 한다.

유람선 사목을 하다 보면 세계 도처에서 온 유람객들을 만나게 된다. 이들과 대화를 나누다 보면 한국의 눈부신 발전상을 아는 사람들이 점점 많아진다는 사실을 느끼게 된다. 조국을 떠난지 30년이 더 되었는데도 오늘처럼 발전된 한국을 칭찬하는 얘기를 들으면 어린아이처럼 기쁘다. ✵

유람선에서 걷는 즐거움과 저녁식사

 미사를 마치고 참석한 교우들과 인사를 나누면서 짤막한 대화를 주고받은 후 곧장 방으로 와서 편리한 옷차림으로 갈아입고 유람선 주변을 걷기 시작했다. 이른 아침과는 대조적으로 포근하며 구름 한 점 없는 맑은 날씨다. 바람마저 없는 쾌청한 알래스카의 날씨를 온몸으로 느끼며 걷다 보면 이 또한 주님께서 베풀어 주시는 유람선 사목의 또 다른 은혜라는 생각이 든다.

 붉은색으로 화려하게 치장한 해님은 서쪽 하늘 저편으로 서서히 기울어져 산 정상 언저리에 잠깐 휴식이라도 취하는 듯 걸터앉아 있는 것 같다. 이 황홀한 저녁노을을 즐기는 다른 사람들도 나처럼 마음 깊이 느끼고 감탄하며 눈앞에 펼쳐지는 자연의 아름다움을 바라보고 있는 것이리라.

 형언할 수 없는 아름다운 자연을 그저 아름답다고 감탄하며 끝나는 사람이 있는가 하면 '이처럼 아름다운 자연을 만들어낸 분은 과연 누구인가?' '이러한 자연을 만들어내고 관리하고 섭리하는 절대적인 능력을 가

알래스카에서 만난 하느님

진 분은 누구인가?' 생각해보는 사람도 있을 것이다. 여하튼 이러한 경관을 보고 즐기고 느끼고 또한 사색하는 분들이 많길 바랄 뿐이다.

열 바퀴쯤 돌고 샤워를 하고 나서 식당에 갔다. 많은 사람들이 식당 입구에서 차례를 기다리고 있다. 나도 길게 늘어선 줄 뒤에 서서 차례를 기다리고 있었다. 그런데 누군가가 어깨를 툭툭 치면서 '안토니오 신부님!'이라고 부른다. 돌아보니 어제 뷔페식당에서 점심을 먹고 나올 때 내 책 《Whom Do You Seek?》을 읽었다며 나와 책에 대해 이야기를 나누고 싶다고 제의했던 분이다.

그는 샌프란시스코 Bay 지역에 사는 분으로 책방에서 내 책을 산 후 전화로 약속을 하고 자신이 구입한 책에 내 사인을 받았다고 하는데, 나는 그 때의 일이 아직도 기억이 나지 않는다.

식당 입장 차례를 기다리면서 그 분과 대화를 나누었다. 자기는 유아영세를 받은 신자였는데 3살 때 아버지가 교통사고로 세상을 떠났고 어머니와 재혼한 양아버지는 장로교 신자였기에 어머니도 장로교회에 다니다가 이제는 온 가족이 가톨릭 성당으로 다시 나간다고 한다. 자기도 결혼할 때 개신교 신자와 결혼을 했기에 30년이 넘게 냉담하다가 2~3년 전부터 부인과 성당에 다니기로 결심했다고 한다.

한 달에 한 번 정도 성당을 나가는 편이며 매주 미사에 나가야 된다는 것도 잘 알고 있는데 실천이 쉽지 않다고 실토를 한다. 유람여행이 끝나기 전에 한번 꼭 만나서 정 신부님이 쓴 《Whom Do You Seek?》 책에 나오는 교도소 사형수에 대한 이야길 더 듣고 싶다고 하면서 시간 약속을 지금 하면 어떻겠느냐고 제의를 한다. 그러면서 내일 뷔페식당에서 6시경에 만나자고 하기에 나도 그렇게 하겠다고 약속을 했다.

잠시 후 내 입장 차례가 되자 안내 승무원이 첫날 저녁부터 앉은 식탁번호 35번으로 나를 안내한다. 식탁에는 함께 온 가족들이 이미 와서 주문한 음식이 나올 때까지 환담을 나누고 있다. 이분들과 네 번째 만나 함께 저녁식사를 하게 되자 나도 첫날 저녁식사 때와는 달리 친숙하게 느껴진다. 무엇보다 서로 믿는 종교적인 입장 차이를 알게 되면서 상대방을 더욱 이해하는 분위기를 경험한 터라 좀 더 가깝게 느껴진다.

식사를 주문받는 웨이트리스가 와서 저녁음식을 주문받는다. 나는 찐 광어를 올리브기름에 튀긴 음식과 잘게 자른 프라이한 감자와 삶은 시금치를 주문했다. 주식을 먹기 전에 나오는 간단한 음식은 대합을 갈아 우유와 치즈를 넣어 만든 스프를 주문했다. 그리고 후식으로는 딸기와 호두를 갈아 만든 크림을 주문했다.

저녁식사 때도 역시 인생 문제로 화제가 시작되어 결국은 종교 문제로 비화되었다. 이분들이 먼저 화제를 끄집어내면서 세상에는 영원히 존재하는 것이 있을 수 없는 것 같다고 하며 인간의 죽음에 대해 언급을 한다. 어제 저녁식사 때 나와 맞은편에 앉아 이야기를 나누었던 John이라는 분은 아버지가 3개월 전에 돌아가셨다고 한다. 자기와 아버지의 관계가 너무나 좋았기 때문에 천국에 계시는 아버지의 모습을 자주 상상해 보며

알래스카에서 만난 하느님

아버지를 그리워한다고 한다.

John이란 분이 나에게 "신부님은 인간의 죽음을 어떻게 생각하십니까?"하고 묻는다. 나는 "열한 살 때 아버지가 돌아가셨습니다. 어린 나이였기에 죽음이 무엇인지도 전혀 몰랐으며 무엇보다 인간의 죽음에 대해 생각해 본 적도 없었습니다. 아버지의 죽음이 나의 인생 전반을 바꾼 셈이다. 그 당시는 물론 예수님의 이름조차 들어 본 적이 없으며 대대로 내려오는 불교 집안에서 자랐기에 일 년에 한 차례씩 아버지를 따라 절에 가는 것이 불교에 대해 아는 전부였습니다. 아버지의 죽음을 통해 인간의 죽음을 처음 본 나로서는 인간의 죽음이 무엇을 의미하는지, 죽으면 어디로 가는지, 죽음 저편에는 또 다른 세상이 있는지, 세상이 있다면 저편의 세상의 내용은 무엇인지 궁금해졌습니다. 어린 나이였지만 밤마다 이러한 문제들이 꼬리에 꼬리를 물기에 실은 밤이 되면 잠을 잘 수가 없었습니다."

이러한 이야기를 할 때 식탁에 앉은 사람들이 모두 내 말에 귀를 기울이고 성의껏 듣는다. 인간의 죽음은 누구에든 불청객으로 반드시 찾아오기에 심각한 관심사임에는 틀림없다. ☸

 광활한 빙산

　　알래스카의 유람선 여행은 이탈리아 베니스에서 출발해 스페인 바르셀로나까지 여러 나라를 거치면서 많은 아름다운 항구 도시를 관광하는 것에 비하면 알래스카의 자연 경관을 제외하고는 단순하고 초라하다. 도시 관광으로는 볼거리가 거의 없다. 알래스카 유람선 관광은 알래스카 항구 도시를 보는 목적이 아니다. 주요 볼거리는 수천 년 쌓인 방대한 빙산과 상록수로 울창하게 뒤덮인 수많은 섬과 준엄한 산들, 그리고 알래스카 원주민들의 특이한 전통문화 유산들이다.

　　간밤에도 두 차례나 깨었지만 잠은 잘 잤기에 몸은 개운하다. 계속되는 일정 때문에 피곤할 때가 많지만 한 번도 빠지지 않고 매일 규칙적으로 걷는 습관과 하루 세끼 식사를 철저히 먹고 잠을 잘 자는 까닭에 피곤이 쌓일 여지가 없다. 순간 쌓이는 피로를 바로 해소하기 때문인 것 같다.

　　오늘은 미사 시간이 오후 5시다. 그러나 유람선 지도 신부에게 주어지는 유람선 관광 무료표는 오늘 따라 없다고 한다. 혼자 유람선 밖에 나가

알래스카에서 만난 하느님

계획 없이 여기저기 나름대로 도시 관광을 하고 돌아올 것인가, 아니면 유람선 안에서 조용히 독서나 하면서 시간을 보낼 것인가를 생각하고 있는 중 유람선 관광표를 판매하는 부서에서 전화가 왔다. 유람선 지도 신부님에게 돌아갈 관광 무료표가 없었는데 비행기로 알래스카의 광대한 빙산을 보는 1시간 30분짜리 비행표가 갑자기 생겼기에 신부님께 연락을 한다는 내용이다.

전혀 예측 못한 기회가 나에게 주어졌다. 신부님이 가겠다면 오전 10시에 4층 유람선 밖으로 나가는 출구에 나오라고 한다. 나는 흔쾌히 가겠다고 약속하고 시간을 보니 이른 아침 7시경이었다. 일단 아침을 먹어야 하기에 뷔페식당으로 갔다. 음식을 먹는데 누군가 내 식탁 가까이 음식 쟁반을 들고 오면서 "신부님을 다시 만나게 되어서 반갑습니다!"라 인사를 한다.

바로 이 분이 《Whom Do You Seek?》라는 나의 책을 읽고 책에 대한 내용에 관해 기회가 있을 때 이야기를 나누고 싶어 한 샌프란시스코 Bay 지역에 거주하는 분이다. 반갑게 서로 인사를 나누면서 같은 식탁에서 아침을 먹게 되었다. 우연이지만 신부님을 만나게 되어서 반갑다는 말을 건네면서 자기는 오늘 관광을 포기하고 유람선 내에서 시간을 보내기로 했기에 시간이 많다면서 신부님과 이야기를 나누고 싶은데 어떻게 생각하느냐고 묻는다. 아침을 먹으면서 이야기를 나누어도 좋고 오전에 이야기를 나누어도 좋을 것 같다는 뜻을 전한다.

_ 거대한 빙산을 보는 감회

　같은 유람선을 타고 있지만 우연히 한 번 만나고 헤어지면 다시 또 만
난다는 것이 쉽지 않다. 유람선 내에 유람객들이 즐길 수 있는 시설들이
너무나 많은 데다 스케줄이 하루 종일 바쁘게 짜여 있고 또한 여러 가지
옵션에 따라서 유람선 밖의 유람 관광도 해야 하기에 미리 약속 없이 우
연히 다시 만난다는 것이 어렵다.

　그러나 오전 10시에 비행기를 타고 관광하도록 되어 있어서 아침을 먹
고 나가야 하기에, 어제 저녁 식사를 위해 식당 입구에서 기다릴 때 우리

　　　알래스카에서 만난 하느님

가 만나 약속한 대로 오늘 저녁 뷔페식당에서 6시에 만나자고 했다. 자기도 저녁 정식 디너를 포기하고 뷔페식당으로 오겠다고 한다. 우리는 같은 식탁에서 아침을 먹으며 가벼운 얘기를 나누었다.

오늘은 맑은 날씨에다 바람도 없는, 알래스카 기후치고는 드물게 좋은 날씨다. 그러나 수시로 날씨가 변덕을 부리므로 지금 보는 아침 날씨가 온종일 계속된다고는 믿을 수 없다.

나는 아침식사를 마치고 오전 9시 30분 경 유람선 밖으로 나갔다. 유람선 밖에는 여러 대의 관광버스가 관광객을 위해 기다리고 있다. 비행기를 타려 관광객들이 나를 포함해서 여덟 명이다.

우리는 버스를 타고 약 10분 후에 경비행기가 대기하고 있는 비행장까지 갔다. 그리고 비행장 대합실에서 탑승해야 하는 경비행기를 기다렸다. 각자 신분을 확인하고 몸 검색을 받고 있으니 우리가 탑승할 경비행기가 비행장 활주로에 미끄러지듯 닿는다.

10여 명의 탑승객들이 내린 후 우리 일행이 탑승했다. 우리 일행은 여덟 명인데 두 명이 추가로 탑승했다. 두 명의 추가 탑승객들은 우리와 같은 유람선에서 승선한 유람객들이 아니고 개인적으로 알래스카를 찾아온 관광객 부부다. 유람선이 정박한 부두 주변에 있는 여러 관광 상품을 파는 매표소에서 이들 부부는 각각 400불씩 주고 비행기 표를 구입했다고 한다. 이들 부부는 차를 몰고 뉴욕 주 버팔로에서 한 달 전에 알래스카에 왔는데 내일6월 22일, 2007년 캐나다 밴쿠버를 향해 출발, 7월 초순경에 집으로 돌아갈 예정이라고 한다.

나는 비행기 맨 앞좌석에 앉았다. 비행기는 10시 45분에 출발해 1시간 30분 동안 Juneau알래스카의 수도 지역을 중심으로 비행한다. 방대하게 펼쳐져 있는 빙산을 보는그 순간은 한마디로 경탄 그 자체였다. 비행기 아래로 보이는 끝이 보이지 않는 빙산의 설경은 지구촌 다른 곳에서는 도저히 볼 수 없는 장관이다. 수천 년 쌓이고 쌓인 눈이 온 천지를 하얀 물감으로 물들여 놓은 것 같다.

가도 가도 끝없이 펼쳐지는 광활한 빙산을 바라보다 보니, 머리로는 도저히 알아들을 수 없는 창조주의 무한한 비밀이 그곳에 숨겨져 있는 것 같다. 어떤 곳은 짙은 안개가 험준한 빙산의 능선 언저리에 걸쳐 있기에 안개 아래 빙산의 절경을 못 보도록 심술을 부리는 것 같다. 어떤 곳은 울창한 상록수로 빽빽이 들어선 섬들을 둘러싸고 있는 청정바다와 어우러져 있어 빙산 고유의 아름다움이 노출됨을 수줍어하는 듯 보인다. 절경 중의 절경이다. ✹

알래스카에서 만난 하느님

# 한국 음식 공포

　　가도 가도 끝없이 펼쳐진 빙산의 절경을 비행기를 타고 상공에서 내려다본 경험은 오래도록 잊혀지지 않을 기억으로 남을 것 같다. 비행기 아래 펼쳐져 있는 광활한 빙산, 눈부신 설경, 푸른 바다로 둘러싸인 울창한 산림이 빽빽하게 들어선 자그마한 섬들. 이 모든 것이 멋진 조화를 이루어 아름다움의 극치를 보여준다.

　　이러한 자연의 아름다움을 마음 구석구석에 빈틈없이 채워 넣을 듯이 비행기 아래 펼쳐지는 풍경을 보느라 정신이 없었다. 꽁꽁 얼어붙은 빙산을 바라보고 있는 순간, 세상만사가 얼음 속에 파묻혀진 빙하의 시대를 연상하게 된다.

　　넋을 잃고 자연 경관에 취해 있는 사이 1시간 30분이 삽시간에 지나가 버렸다. 공중 관광을 마치고 우리가 탄 비행기는 공항에 도착했다. 공항에 내려 함께 기념사진을 찍고 유람선에서 온 관광객들을 태우기 위해 대기하고 있는 소형 버스를 타고 유람선으로 돌아오니 오후 2시경이었다.

_ 비행기 관광을 함께 한 분들과 기념촬영

　나는 뷔페식당에서 점심을 먹으면서 같은 식탁에 앉은 중년 부부와 인사를 나누고 약 30분 정도 대화를 나누었다. 자기들도 가톨릭 신자들인데 미사에 나가지 못해 미안하다고 겸손하게 인사를 한다. 이들은 호주에서 온 부부인데 한 달 전 호주를 떠나 싱가포르, 인도네시아, 일본, 한국을 들러 캐나다 밴쿠버에서 1주일 동안 머문 후 유람선에 승선했다고 한다.

　집 떠난 지 한 달이 다 되어가니 피곤하긴 하지만 멋진 여행이었다고 자랑을 한다. 서울에서는 이틀을 머물렀는데 관광버스로 몇 군데를 다녀

　알래스카에서 만난 하느님

왔는데 화려한 서울의 발전상을 보고 놀랐다고 한다. 서울에 머무는 동안 호텔에서 뷔페음식을 주로 먹었는데 동양음식도 있고 서양음식도 있어서 음식에 대한 불편함은 없었다고 한다.

관광을 하면서 점심은 주로 지정된 식당에서 먹었는데 주로 한식이었다고 한다. 부인은 음식을 소개하는 그림을 보고 비빔밥을 주문하고 남편은 육개장을 주문했다고 한다. 비빔밥을 먹다가 혀가 불에 타고 목과 속이 타는 것 같이 뜨겁고 매워서 혼이 났지만 눈물을 흘리면서 다 먹었다고 한다. 육개장을 주문한 남편은 뜨겁게 끓인 빨간 국물에 고기와 채소가 너무나 먹음직해서 한 숟가락을 떠서 입에 넣었는데 갑작스럽게 입안에 불덩어리를 넣은 듯해 혼이 났다고 하면서 평생 못 잊을 경험을 했다고 한다.

그렇게 입안을 불태운 매운 양념이 고추장이라고 가이드가 가르쳐 주었다고 한다. 그렇게 매운 음식을 난생 처음 먹어 보았단다. "그때는 죽는 줄 알았는데 시간이 지나고 나니 역시 좋은 경험이었다는 생각이 드네요" 하면서 어린이 같이 천진난만한 표정을 지으면서 한바탕 웃는다. 주문한 비빔밥을 먹기는 다 먹었는데 그날 밤 화장실에 여러 차례 왔다 갔다 하느라 한숨도 자지 못했다고 한다.

한국 음식을 먹기가 이젠 두렵다고 하면서 우리 음식에 대한 경험이 처음이었지만 결국 마지막이 되어 버렸다고 했다. 음식을 먹고 고통스러웠던 기억을 잊을 수가 없을 거라고 했다.

나로서는 듣기가 너무나 민망스러웠다. 한국 음식도 우리 고유한 음식을 기본으로 하면서 국제 입맛에 맞는 음식 맛을 개발해야 국제화 되어가는 관광산업 경쟁에서 살아남을 수 있을 것 같다. 관광 산업은 국가 수입의 엄청난 비중을 차지하는 것은 물론 무형의 국가 이미지를 심어 주는 데 상상을 불허할 정도로 부가가치가 높다.

　세계 많은 곳을 다녀보았지만 관광객에게는 음식이 대단히 중요하다. 누구에게서도 거부반응이 일어나지 않도록 국가 차원에서 신경을 쓰면서 음식 맛을 연구 개발한다면 국위선양을 위해 무형의 엄청난 자산이 될 것이라는 생각이 든다.

　대화를 나누고 서로 헤어진 후, 나는 곧장 방으로 와서 걷기 편안한 복장을 하고 방을 나섰다. 잠깐 이메일을 점검하기 위해 컴퓨터실에 들렀다가 걷기 위해 6층으로 내려갔다. 매일 걷는 습관은 어언 30년이 넘은 것 같다. 유람선에서 무공해 바다 공기를 마시며 청정 바다와 나무로 울창하게 우거진 조막만한 섬들과 저 멀리 보이는 빙산을 보며 걷는 재미가 쏠쏠하다.

　몸 전체에 생명력을 구석구석 새로 채워주는 활력소를 제공받는 것처럼 힘이 솟는다. 걷고 나면 내가 스스로 개발한 맨손체조를 반드시 한다.

　시간을 보니 4시가 넘었다. 오늘 저녁은 식당에서의 정식 디너를 포기하고 6시에 Joe와 뷔페식당에서 만나기로 약속이 되어 있다. ✹

사형수 이야기

　　유람선 주변을 열 바퀴 정도 돌고 맨손체조를 하고나서 방에 돌아와 샤워를 하고 잠시 침대에 누웠는데 잠이 들었다. 잠결에 전화벨이 요란하게 울려 침대에서 벌떡 일어나 시계를 보니 6시 5분이다.

　　Joe와의 약속 시간이 6시이니 틀림없이 그 사람이 전화를 했으리라 믿고 수화기를 드니 바로 그의 음성이다. 뷔페식당에 와서 신부님을 기다리고 있다고 한다. 즉시 가겠다고 약속을 하고 바로 9층 뷔페식당으로 갔다. Joe가 친구 세 명을 더 데리고 와서 나를 반갑게 맞이한다. 뷔페음식을 큰 쟁반에 담아 한적한 창가 식탁에 자리를 잡았다. 같이 온 분들은 한 분을 제외하고는 가톨릭 신자들이 아니다.

　　"정 신부님이 쓴 책《Whom Do You Seek?》라는 책 속에 쓰신 교도소 사목을 하면서 만난 사형수에 대한 이야기를 직접 듣고 싶어서 신부님을 뵙나자고 청을 했습니다.

　　종교 서점에 가서 신부님 책을 들고 이리저리 보면서 몇 장을 넘기는데

_ 해안 숲속을 걸은 후 모닥불에 앉아 환담

책에 대해 당시 샌프란시스코 대주교님의 너무나 좋은 추천 글이 있기에 즉시 책을 구입했지요. 집에 와서 책을 읽었는데 사형수에 대한 내용을 읽고 깊은 감명을 받았습니다.

신부님을 유람선에서 만나 뵙게 될 줄 상상도 못했는데 이렇게 만나게 된 것이 참으로 신기합니다. 신부님이 사형당한 분을 순교자라고 표현을 하셨는데 사형수가 형 집행을 당할 때 직접 목격하신 상황을 생생하게 다시 듣고 싶습니다."

그러려면 약 한 시간 이상이 걸리는데, 시간상 괜찮으냐고 물었다. 오늘 저녁 시간은 사형수에 대한 신부님의 이야기를 듣기 위해 왔으니 시간에 상관하지 않고 듣겠다고 한다.

나는 사제가 된 지 일년 후인 1972년 11월부터 두 개의 본당과 함께 교도소 지도 신부로 일하게 되었다. 매주 목요일 교도소에 가서 미사를 봉헌하고 고백성사를 듣고 교육적인 내용의 이야기를 약 1시간 정도 하는 것이 교도소에서 하는 사목이었다.

그런데 교도소 소장의 요청에 의해 아주 거칠고 포악한 사형수 한 사람과 일주일에 한 번씩 만나기로 약속했다. 사형수의 이름은 '서석황'이다. 그는 교도소 소장이 나에게 사형수에 대해서 미리 말해준 인상과는 판이하게 다른 키가 크고 잘생긴 미남형이었다. 매주 한 번씩 만나 약 1시간 정도 서로 이야기를 나눴지만 주로 내 이야기를 그가 듣는 편이었다.

그는 만난 지 8개월만인 1973년 7월, '스티븐'이라는 이름으로 나에게 영세를 받았다. 영세를 받을 즈음 스티븐의 태도와 생각이 극적으로 변하고 있음을 쉽게 감지할 수가 있었다. 형 집행을 당하기 3개월 전에 스티븐이 자기의 건강한 두 눈을 앞 못 보는 장님에게 기증하고 싶은데 신부님은 어떻게 생각하느냐고 물었다. 너무나 장하고 용기 있는 이긴 한데 나의 영향을 받지 말고 본인의 완전한 자유의사로 결정하기 바란다고 부탁했다.

그로부터 1개월 후, 자신이 사형 집행을 당할 때 두 눈을 기증하기로 결심했다고 이야기했다. 너무나 변화된 그의 마음과 태도가 눈물겹도록 감사했다. 무엇보다 주님이 하시는 일이 놀랍기만 했다. 난폭하고 다루기 힘든 그가 근래에 판이하게 달라져 성격이 아주 양순해져 친절하게 행동하니 교도관들이 감탄을 하고 있다고 교도소 소장이 이야기해 주었다. 스티븐은 1974년 2월 28일 사형 집행이 될 것 같다고 나에게 귀띔을 해주었다.

1974년 2월 28일 아침 6시 30분 미사를 봉헌한 후 사제관에 있는데 전화벨이 요란하게 울렸다. 수화기를 들었다. 교도소 소장이 나와 통화를 하고 싶어한다고 하면서 교도소 교도관이 교도소 소장을 바꾸어 주었다. 교도소 소장이 3개월 전에 스티븐의 사형 집행이 2월 28일 경에 있을 것이라고 귀띔을 해주었던 것이 즉시 머리에 떠올랐다.

교도소 소장은 스티븐이 오늘 오전 내로 사형 집행을 당하는데 신부님이 꼭 오셔야 한다는 내용이었다. 예측은 했지만 막상 교도소 소장의 말을 듣는 순간부터 마음이 두근거리기 시작했다. 2년 5개월 가까이 매주 한 번씩 스티븐을 만났고, 그는 그 과정에서 예수님을 구세주로 받아들이고 나에게 영세를 받게 되었다. 그리고 그후 모범적인 교도소 생활을 하고 있다는 소식을 교도관들로부터 종종 들어 왔던 터였다. 건실하게 교도소 생활을 하고 있는 착한 스티븐이 사형을 당하게 된다는 소식에 나는 가슴이 미어지는 것 같았다.

스티븐이 형장에서 교수형으로 처절하게 죽어가는 모습을 목격해야 한다 생각하니 가슴이 걷잡을 수 없는 긴장감으로 뛰었다. 형장에서 사람을 사형시키는 현장을 목격하는 것은 이번이 난생 처음이었다.

　아침 식사를 하기 직전 전화를 받고 아침을 먹어야 하는데 음식 맛을 잊을 정도로 긴장이 되었다. 아침을 간단하게 먹고 커피를 한 잔 마신 후 종부성사 가방을 챙겨 들고 교도소를 향해 발걸음을 재촉했다. 그리고 급히 사제관을 떠나면서부터 스티븐을 위해 기도하기 시작했다. 스티븐의 생사가 교차되는 사형 집행 순간 주님의 특별하신 도우심으로 오로지 주님만을 사랑해 왔던 스티븐의 신앙이 조금도 흔들리지 않도록 주님이 스티븐을 도와주시길 부탁드리는 기도를 계속했다. ✺

# 형장으로 끌려온 사형수

이야기 중에 시간을 보니 30분이 삽시간에 흘렀다. 듣는 사람들의 진지한 모습이 이야기를 이어나가는 나에게 큰 용기를 불어넣어 주고 있다. 이야기를 하는 도중에 사람들이 여덟 명이나 내 식탁을 중심으로 더 모였다. 나는 사형수 스티븐에 대한 이야기를 계속했다.

교도소에 도착하자마자 즉시 교도관이 교도소 소장실로 나를 안내했다. 나를 본 교도소 소장은 반가운 표정을 지으면서 정중하게 인사를 했다. "신부님이 이미 알고 계시지만 스티븐이 오늘 사형을 당하는 날인데 신부님이 와 주셔서 참으로 감사합니다" 정중하게 인사를 했다. "오늘 다섯 명의 사형수가 사형 집행이 됩니다. 집행 시간은 오후 1시로 연기가 되었는데, 스티븐은 오늘 사형 집행이 되는 다섯 명 중 마지막 순서입니다."

나는 스티븐의 사형 집행 시간까지 교도소에서 기다릴 수밖에 없다는 생각이 들었다. 스티븐을 위해 그야말로 모든 정성을 다해 기도를 바치쳤다. 마치 어린아이가 어머니의 치맛자락을 잡고 무엇을 해 달라고 끈질기

알래스카에서 만난 하느님

게 조르는 것처럼 나도 주님께 사형을 당하는 스티븐을 위해 정성을 다해 기도했다.

"생사가 교차되는 너무나 절박한 극한적인 상황을 도저히 견딜 수가 없어서 갖은 욕설로 주님을 원망하는 불평을 할 수도 있습니다. 설령 그렇다 하더라도 주님을 향한 원망의 소리가 스티븐의 본마음에서 나오는 것이 절대로 아니기에 주님 귀담아 듣지 마시고 주님의 극진한 사랑으로 스티븐을 가련히 보시고 주님의 나라로 데려가 주십시오." 스티븐이 사형을 당하는 시간이 올 때까지 성의를 다해 기도를 바쳤다.

오후 1시가 되었다. 이 날은 1974년 2월 28일 유별나게 매섭게 차가운 구름이 잔뜩 낀 우중충한 날이었다. 법에 의해 다섯 명을 사형 집행하는 오늘 날씨조차 차갑고 구름이 짙게 깔려 온종일 침울하기만 했다.

나는 여전히 교도소 소장실에서 스티븐의 형이 집행될 때를 기다리면서 성의를 다해 기도를 바치고 있었다. 돌이켜 기억해 보면 사제로서 살아오며 이토록 간절한 기도를 바친 경우가 없는 것 같았다.

오후 1시 40분경이 되니 교도소 소장을 비롯해 사형집행관과 담당 검사가 한 사람의 사형이 집행된 후 잠시 교도소 소장실로 들어오면서 이구동성으로 말했다.

"사형수가 사형을 당할 때 별 저항 없이 잘 받아들이네요." 소장이 덧붙여 말했다. "신부님, 오늘 형 집행을 당하는 다섯 명의 사형수들 중 스티븐 한 사람만 가톨릭 신자이고 나머지 네 명은 교도소에서 세례를 받은

_ 미사 도중 강론

개신교 신자입니다." 교도소 소장의 말을 듣는 순간 나도 모르게 전혀 예
상하지 못한 걱정이 불현듯 생겨났다. 즉 개신교 사형수들이 사형 집행을
당할 때 별 저항 없이 죽음을 받아들이는 데 반해 스티븐이 사형을 당할
때 난폭하게 저항을 하며 주님을 원망하면서 형 집행을 당하면 어쩌나 하
는 불안감을 떨칠 수가 없었다.

좁은 형장을 꽉 메운 사람들이 사형수 다섯 명의 사형을 지켜보면서 개
신교와 가톨릭을 비교하게 되고 그들 나름대로 '가톨릭을 쉽게 평가하면

알래스카에서 만난 하느님

어쩌나' 하는 예기치 못한 염려가 나의 마음을 순간 불편하게 했다.

스티븐이 사형 집행 때 너무나 흥분된 상태에서 우발적으로 격한 감정 표현을 한다 하더라도 주님은 현재 비정상적인 스티븐의 언행에 절대로 비중을 두지 마시고 주님의 무한한 자비로 용서하시면서 주님의 영원한 행복의 나라로 인도해 주십사 하고 기도를 바치며 기다렸다.

드디어 스티븐의 사형 집행 시간이 다가왔다. 시간을 보니 오후 4시 30분이 되었다. 교도소 소장이 나를 형 집행 장소로 안내했다. "신부님, 스티븐이 형 집행의 차례가 되었으니 함께 형 집행 장소로 갑시다!" 나를 형 집행 장소로 안내했다. 난생 처음으로 사형수를 사형시키는 형장에 들어섰다. 좁은 공간의 형장 안은 검찰청 소속 경찰들과 교도소 교도관들로 입추의 여지가 없었다. 그리고 형 집행관, 담당검사, 교도소 소장, 그리고 신부가 앉는 자리가 마련되어 있다. 교도소 소장은 신부가 앉는 좌석에 앉으라고 권유했다. 교도소 소장의 안내에 의해 법으로 사형 집행을 하는 형장에 들어서는 순간부터 나의 마음은 걷잡을 수 없이 불안해 가슴이 두근거리기 시작했다.

2년 5개월 동안 매주 만나 이야기를 나누고 나에게 영세를 받은 스티븐이 곧 사형을 당할 형장에 내가 와 있는 것이다. 스티븐은 너무나 양순하고 착한 사람이 되어 있었다. 이제 본인의 건강한 두 눈을 앞 못 보는 분에게 기증하겠다고 한 장하고 장한 스티븐이 형장에서 처형당하는 모습을 지켜보면서 영원한 이별을 해한다. 마음은 순간 극도로 긴장되었다.

스티븐이 너무나 가련하고 불쌍하게 느껴졌다.

두근거리는 가슴을 안간힘을 다해 억제하면서 자비호우신 우리 예수님께 스티븐을 위한 기도를 계속 바쳤다. 스티븐이 두 교도관의 안내를 받으며 형 집행장으로 오고 있었다. 사형장 안으로 들어서지는 않았지만 푸른 수의를 입고 수갑을 두 교도관의 안내를 받으면서 오고 있었다. 스티븐은 본인이 사형당하는 형장에 오고 있음을 전혀 잊은 듯이 평화롭고 조용한 발걸음으로 천진난만한 어린이 같은 모습으로 걸어오고 있었다. '잠시 후 형장의 이슬로 사라질 스티븐이 저렇게 평화롭고 태연한 자세로 걸어 올 수 있있다는 말있다는 말인가? 주님이 나의 간절한 기도를 분명히 챙기고 계시구나,' 하는 생각이 들었다. ✿

알래스카에서 만난 하느님

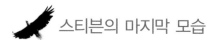
스티븐의 마지막 모습

　사형이 집행되는 형장으로 드디어 스티븐이 들어섰다. 형장 내의 분위기는 극도로 가라앉아 있었고 무겁고 차가운 긴장감이 감도는 공포 분위기가 무겁게 짓누르고 있었다. 나는 마치 강한 추위로 인해 한기를 느끼는 것처럼 몸이 덜덜 떨렸다. 나를 포함해서 사형장을 꽉 메운 관계 요원들의 시선이 일제히 사형장으로 들어서는 스티븐을 숨죽인 채 지켜보고 있었다. '아, 어쩌면 저렇게 조용하고 평화롭고 천진한 자세로 사형장에 들어올 수가 있을까!' 하는 생각을 하면서 스티븐의 눈과 나의 눈이 마주쳤다.

　순간, 고압선 전류에 감전이나 된 것처럼 나의 정신은 혼미 상태에 빠지는 것같은 엄청난 충격을 경험했다. 스티븐의 눈이 나의 눈과 마주치는 순간, 그는 깨끗하고 순박한 티없는 미소를 내게 짓지 않는가. 내가 스티븐을 매주 한 번씩 2년 5개월 정도 만났는데 그는 나를 만날 때마다 말 대신 빙그레 웃는 미소로 나를 반겼다. 과묵한 성격으로 점점 어린애 같이 순진

하고 순박한, 때 묻지 않은 시골 청년처럼 변화되는 모습을 나는 스티븐을 만날 때마다 마음으로 읽을 수가 있었다.

"주님, 너무나 감사합니다. 저의 부족한 기도를 주님은 분명히 들어 주셔서 스티븐의 마음을 본인 스스로 이토록 용감하고 태연하게 관리하도록 도와주신 주님의 사랑과 능력에 감사를 드립니다." 나는 중얼중얼거리면서 형장에서 진행되는 절차를 지켜보고 있었다. 형장에 들어선 스티븐은 마치 도살장에 끌려 온 어린양처럼 교도소 소장이 시키는 대로 고분고분하게 본인이 곧 사형당할 것을 완전히 잊은 것같이 양순하게 행동했다. 물론 형식적인 절차에 불과하지만 교도소 소장이 마지막으로 스티븐이 과거에 범한 끔찍한 살인 범행을 다시 확인하는 인정신문을 했다. 그리고 교도소 소장이 어떻게 해서 본인의 두 눈을 기증하게 되었느냐고 물을 때, 스티븐의 대답은 다음과 같았다.

"저는 세상을 떠날 때 저의 건강한 두 눈을 기증하려고 약 3개월 전에 앞에 앉아 계시는 정 신부님과 저의 두 눈 기증에 대해 의논을 한 바가 있습니다. 앞 못 보는 장님이 제 눈으로 세상을 볼 수 있다면 저로서는 그지없는 기쁨이지요." 대구 동산병원 안과 의사가 스티븐의 건강한 안구를 적출하려고 이미 와 있었다. 스티븐은 3개월 전에 본인의 안구 기증에 대한 의사를 나에게 밝혔다. 스티븐의 뛰어난 용기와 믿음, 그리고 마지막으로 남에게 자기 몸의 일부를 주어서라도 좋은 일을 하고 싶다는 훌륭한 생각은 나를 감동시켰다. 스티븐의 믿음과 결단을 나로서는 말 할 수 없

알래스카에서 만난 하느님

이 크게 환영하는 바였지만 이 중대한 일은 본인의 완전한 자유의사로 결정하기를 바랐다.

나는 스티븐의 결정도 전혀 영향을 주고 싶지 않았다. 본인이 그 동안에 쌓아온 귀중한 믿음의 중심에 계시는 예수님 앞에서 기도하는 가운데 자유로이 결정하기를 바란다고 조언했을 뿐이었다. 교도소 소장이 마지막으로 할 말이 없느냐고 스티븐에게 물었다. 스티븐의 대답은 다음과 같았다.

"다시 한 번 말씀드리지만 저로 인해 살해당한 허 대위 부부에게 진심으로 사죄하며 용서를 청합니다. 그리고 저에게 살해당한 분들의 유가족들에게도 마지막으로 다시 말씀드립니다. 너무나 죄송합니다. 저의 과거를 뉘우치며 용서를 빕니다. 저의 마음 깊은 데까지 예수님을 심어 주신 앞에 계시는 정 신부님께 감사를 드립니다.

신부님, 감사합니다. 저는 오늘로서 저의 과거의 모든 잘못을 말끔히 청산하고 그토록 가고 싶어 기다려 왔던 주님의 나라로 아무런 미련 없이 가겠습니다. 안녕히 계십시오." 그는 부드럽고 조용한 음성으로 마지막 말을 남겼다.

이제 한 가지 절차가 남았다. 바로 천주교 신부로서 마지막 가는 스티븐을 위한 종교적인 절차였다. 나는 의자에서 일어나 수갑이 채워진 채 형틀 의자에 앉아 있는 스티븐에게 다가갔다. 나의 귀를 스티븐의 입에 바짝 대고 스티븐의 마지막 고백성사를 듣고, 스티븐이 예수님의 몸인 성체를 모실 수 있게 해주었다.

또한 스티븐의 이마와 양손에 성유를 바르는 병자성사를 집행한 후 스티븐과 사형장을 꽉 메운 관계요원들에게 다음과 같이 이야기했다.

"오늘은 존경하고 사랑하는 스티븐이 그토록 가고 싶어 하던 주님의 나라로 가는 날입니다. 주 예수님은 당신의 나라인 천국에서 두 팔을 활짝 벌려 천국으로 입장하는 스티븐을 환영하면서 포옹하시기 위해 기다리고 계십니다. 스티븐의 마지막 죽음을 지켜보고 계시는 관계요원 여러분들과 저도 언젠가는 스티븐의 뒤를 따라 가는 날이 분명히 옵니다. 단지 스티븐이 우리보다 먼저 떠나는 것뿐입니다. 사랑하는 스티븐, 천국으로 편안하게 가시길 바랍니다."

나는 스티븐의 머리를 나의 가슴에 묻고 눈물겹도록 간절한 마지막 축복을 드렸다. 모든 절차는 끝났다. 교도관이 가지고 있는 삼베자루로 머리에서 턱 밑까지 완전히 덮어씌운 후 스티븐의 양팔을 들어 스티븐이 앉은 의자를 치우고 다시 마루 위에 앉혔다. 그리고 천장에 고정된 밧줄의 올가미를 스티븐의 목에 걸은 후 뒤에서 고정된 돌쩌귀를 당기면 돌쩌귀가 풀리면서 그의 몸무게로 인해 아래 텅 빈 공간으로 떨어지는 순간, 즉시 사망한다.

여기까지 이야기 했을 때 주변의 사람들은 숨을 죽이고 나의 말을 경청하고 있었다. ✸

　│　알래스카에서 만난 하느님

_ 알래스카 항구도시 Sitka에 있는 러시아 정교 성마이클 성당

알래스카 유람선 지도 신부 두 번째 이야기 139

순교자를 닮은 죽음

사형수 스티븐의 사형 집행에 관한 이야기를 끝까지, 장장 1시간 이상 내 얘기를 들어준 분들의 성의와 관심에 감사했다. 나는 스티븐에 대한 이야기를 계속했다.

스티븐의 형 집행과 더불어 다섯 명의 사형수가 30분 간격으로 형이 모두 집행되었다. 사형장에서 마지막으로 스티븐의 형 집행을 지켜본 관계 요원들이 사형장 밖으로 나오면서 이구동성으로 한마디씩 했다. 교도소가 생긴 이래 스티븐처럼 사형을 저렇게 영웅적으로 한 마디 반항도 없이 어린 양처럼 온전하게 받아들인 사례는 처음이라고, 다들 스티븐의 죽음을 심히 안타까워하는 표정들이었다.

스티븐이 사형 집행을 당하던 당시, 그의 영웅적인 태도에 감탄한 나머지 대중 매체를 통해 대서특필로 스티븐이 사형당할 때의 영웅적인 태도에 대한 사형 소식이 전국적으로 알려지게 되었다. 각 일간신문, 주간신문, 주간잡지, 월간잡지, 심지어는 문화 TV 방송의 벽, 창, 야화라는 10분

알래스카에서 만난 하느님

짜리 드라마에도 스티븐이 사형장에서 보여준 장한 모습에 관한 얘기가 소개되었다.

사형수 스티븐의 이야기를 한국 가톨릭신문사의 요청으로 나는 매주 한 번씩 1년 이상 연재했는데, 스티븐이 사형당할 때 그가 보여준 깊은 신앙과 용기에 강한 감명을 받은 나는 스티븐을 순교자라고 표현했다. 왜냐하면 예수 그리스도를 위해 스티븐 자신의 죄를 속죄의 제물로 바치고 상상하기 어려운 사형을 눈 하나 깜짝하지 않고 평화롭 받아들였기 때문이었다.

대중매체를 통해 그의 죽음이 수많은 사람들의 회개를 자극했고 결국 주 예수님께로 인도하신 공이 지대했기 때문에 나는 그를 순교자로 표현한 것이다.

이때 나의 이야기를 끝까지 듣고 있던 Joe가 신부님의 책 《Whom Do You Seek?》를 읽고 신부님이 왜 사형수 스티븐을 순교자로 표현했는지 이젠 잘 알겠다고 말한다. 나는 교도소 소장의 허락을 받고 스티븐의 시신을 인수해 대구 가톨릭 묘지에 안장시켰다. 무덤 앞에는 요한복음 14장 6절에 기록된 예수님의 복음 말씀인 "나는 길이요, 진리요, 생명이니, 나를 거치지 않고서는 아무도 아버지께 갈 수 없다"라는 말씀이 새겨진 비석을 세워 드렸다.

나는 스티븐이 예수님의 나라 천국에서 영원한 행복을 주님과 함께 누리는 장면을 종종 생각해 본다. 지금부터 37년 전에 교도소 사목을 하면

_ 주일미사 참례한 교우들과 함께 기념사진

서 경험한 잊을 수 없는 일인지라 오늘도 생생하게 기억이 난다.

　장시간 성의를 다해 끝까지 경청해 주신 분들과 일일이 인사를 나누고 헤어졌다. 약 2시간 정도 스티븐이 사형당한 장면들을 생생하게 기억하면서 이야기를 하다 보니 방에 돌아와서도 당시의 상황으로 돌아가 잠을 이룰 수가 없다. 스티븐의 사형 장면들이 마음의 눈에 선하게 떠오른다. 극한적인 사형의 순간을 어쩌면 그렇게 태연하게 받아들일 수 있는가 하는 생각이 든다. 그리고 그 때 안절부절 하면서 스티븐을 위해 열심히 기도

　　　　　　　　　알래스카에서 만난 하느님

했던 순간을 되새겨 보았다.

이렇게 생각을 되씹다 보니 새벽 2시까지 잠을 설치다가 간신히 잠이
들었다. 그런데 잠결에 한없이 펼쳐져 있는 아름다운 초원이 나타났다.
넓고 넓은 아름다운 초원에서 여러 사람들과 즐겁고 행복한 담소를 나누
는 스티븐이 보였다. 나는 너무나 반가웠다. 내가 소리를 지르고 손을 흔
들며 스티븐 쪽으로 뛰어가기 시작했다. 열심히 뛰고 또 뛰어도 스티븐이
있는 장소와는 거리가 조금도 좁혀지지 않는데 그래도 나는 계속 달리다
더 이상 달릴 수가 없을 정도로 지쳐서 달리기를 멈추었다.

스티븐은 자신을 향해 달려오는 내가 누군지 알아차리고 두 손을 번쩍
들고 나를 향해 반가운 표정으로 손을 흔들면서 "정 신부님 감사합니다.
정 신부님 감사합니다" 하는 말을 연속적으로 외치고 있었다. 나는 더 이
상 달릴 수 없을 정도로 지쳤기에 그냥 스티븐을 한없이 바라보면서 "정
신부님 감사합니다!" 라고 외치는 소리를 듣고 있었다. 순간적으로 '스티
븐이 주님 나라에서 영원한 행복을 누리고 있구나', 하는 생각을 하면서
눈을 뜨고 보니 꿈이었다.

꿈을 깨고 나니 마음이 한결 기쁘고 개운했다. 스티븐이 천국 낙원에서
여러 동료들과 함께 웃으며 즐거운 시간을 보내고 있는 장면을 보고 나니
한없이 기뻤다. 스티븐은 주님의 나라에서 주님과 더불어 주님이 베푸시
는 영원한 행복을 분명히 누리고 있음이 틀림없음을 나는 확인한 셈이다.

'스티븐이 생사가 교차되는 극한적인 상황에서 순간적으로 본의 아니

게 주님을 배신한다 하더라도 주님의 무한한 자비로 스티븐을 불쌍히 여기시어 스티븐의 영혼을 외면하지 마시고 주님 나라로 불러들여 주소서!', 하며 혼신을 다해 기도했던 그 때가 생각난다. 스티븐이 만에 하나라도 어려운 상황을 순간적으로 견딜 수가 없어서 주님을 배신할까 염려하는 마음으로 나는 기도했지만, 우리 주님은 나의 염려를 천 배 만 배로 보상해 주셨다.

시간을 보니 새벽 5시 30분이다. 잠을 불과 3시간 정도 잔 셈이다. 나는 더 이상 잠이 올 것 같지 않기에 아예 일어나 우리 스티븐을 주님 나라로 불러주신 주님의 크나큰 은혜에 깊은 감사의 기도를 바쳤다. ✹

알래스카에서 만난 하느님

한국에서 태어난 Paul Armstrong

지난밤 스티븐에 대한 이야기를 거의 2시간 30분쯤 나눈 셈이다.

잠자리에 들어서도 37년 전 경북 교도소에서 스티븐이 사형을 집행당하던 장면들이 나의 생각 안에서 분주하게 배회를 한 탓에 늦도록 잠을 자지 못하다가 잠이 들어 깨고 보니 새벽 5시 30분경이다. 더 이상 잠이 오지 않을 것 같아 침대에서 일어나긴 했지만, 잠이 부족한 탓인지 몸이 피곤하다.

나는 아침기도를 간단하게 바쳤다. 새롭게 시작되는 오늘 하루 동안 많은 사람들을 만나 주님의 뜻에 맞는 언행을 하고 사제로서 주님을 직간접적으로 증거하는 보람된 하루가 되도록 기도를 바쳤다. 선장을 비롯해서 승무원들 그리고 유람선에 승선하고 있는 이천 명이 넘는 많은 사람들이 오늘 하루도 즐겁고 기쁜 좋은 하루가 되게 해주십사 하고 주님께 부탁드렸다.

나는 9층 뷔페식당으로 갔다. 아직도 이른 새벽이라 뷔페식당은 한산

한 편이다. 나는 플라스틱 쟁반을 들고 여러 음식이 진열되어 있는 진열대를 한 바퀴 돌면서 좋아하는 음식을 골랐다. 마침 내가 좋아하는 닭죽과 이탈리아 음식인 polenta 일종의 옥수수 가루로 만든 죽 종류가 있다. 두 개의 사발에 각각 다른 죽을 담고 우유 한 컵과 커피를 가지고 창가 식탁에 혼자 앉아 아침을 먹는데 뒤에서 누군가 "안토니오 신부님!" 하고 부르는 소리가 들린다. 돌아다보니 어제 저녁 나의 이야기를 듣던 Paul이라는 사람이다. 신부님이 앉은 식탁으로 가도 되느냐고 물으면서 음식 쟁반을 들고 내가 앉은 식탁으로 와서 함께 식사를 하면서 자기소개를 한다.

자신은 한국에서 태어난 미국사람이라고 소개한다. 아버지가 한국전쟁 때 군의관 중령으로 한국에서 근무를 하면서 만난 미군 간호장교와 결혼을 한 후 한국에서 자기를 낳았다고 한다. 태어난 지 불과 몇 달 후 미국 텍사스로 이동 발령이 나서 부모님이 택사스로 왔다고 한다. 어머니는 자기를 낳고 7개월 후에 군대에서 제대하셨고 아버지는 군의관 대령으로 거의 10년 정도 더 근무하시다가 역시 제대를 하셨는데 아버지는 약 10년 전에 86세로 돌아가셨고 어머니는 아직도 살아 계시는데 연세가 구순이 넘었다고 한다.

자기는 지금 63세인데 부모님으로부터 한국에 대한 이야기를 많이 들었다고 하면서 한국 신부님을 유람선에서 만나게 되어 정말 반갑다고 한다. 자기는 대대로 가톨릭을 믿는 집안에서 태어났고, 어릴 때는 미사 때 복사도 했으며 한때는 사제가 되겠다는 꿈도 있었다고 한다.

알래스카에서 만난 하느님

그런데 여자 친구가 너무 일찍 생겼기에 결국 꿈을 포기했다며 한바탕 웃는다. 결국 그때 사귄 여자 친구와 결혼을 했고 자녀들이 다섯 명이 있으며 네 명은 이미 결혼을 했고 막내아들은 현재 의과대학에 다니고 있다고 한다. 부인과 자녀들 모두 열두 명을 데리고 작년2007년 10월 하순경 한국에 갔는데 산마다 단풍이 들어 너무나 아름다웠다고 하면서 한국의 가을을 그리워했다.

부모님으로부터 들은 한국의 가난한 모습을 도저히 찾아볼 수 없을 정도로 눈부시게 발전해 너무나 감격했다며 칭찬을 아끼지 않았다. 그리고 자신이 한국에서 태어난 것이 너무나 자랑스럽다고 말한다. 한국말을 부모로부터 몇 마디 배웠다면서 '감사합니다', '안녕 하세요?' 라고 한국말 실력을 자랑하며 아기처럼 웃었다.

몇 년 후에 손자 손녀들을 다 데리고 여름방학 때 한국에 가서 2주쯤 한국 전국에 있는 관광지를 찾아 관광을 할 계획이란다. 그때 한국의 발전상을 손자 손녀들에게도 보여주고 싶다고 하면서 한국 갈 계획을 벌써 치밀하게 구상하고 있다고 전한다. 가능한 한 매일 미사에 참석하도록 하겠으며 어제 저녁 사형수 스티븐의 이야기를 신부님으로부터 듣고 참으로 많은 것을 느꼈으며 감명을 받았다는 애기를 덧붙였다. 스티븐이 그렇게까지 변할 수 있었던 것도 신부님의 노고가 있었기 때문이 아니냐 하면서면서 Paul Armstrong은 자기 머리를 내밀면서 강복을 해 달라고 요청했다. 강복을 해주고 나서 시간을 보니 7시 30분경이다.

8시 미사 시간이 임박했기에 더 이상 이 분과 대화를 나눌 수 없었다. 유람선 여행이 끝나기 전에 한 번 더 만나기로 약속을 하고 급하게 방으로 간다는 것이 엉뚱한 승강기를 탄 탓에 그 때부터 내 방을 찾느라 헤매기 시작했다. 이리저리 방8층 N010을 찾아 헤매다가 결국 칠순이 넘은 듯한 노부부가 나를 도와주게 되었다.

결국 이 분들이 3층 접수실로 전화를 해 승무원이 와서 방을 찾아 주었다. 나는 이상하게도 다급하면 바로 코앞에 두고도 사물을 잘 못 보는 경우가 많다. 미국 사람들은 일반적으로 친절해서, 뭘 물으면 자기 일을 중단하고서라도 성의껏 도와주려고 애를 쓰는 경우가 많다. 오늘도 그런 셈이다. 방을 찾아 장백의를 가지고 미사를 봉헌하는 장소인 Queen 라운지에 도착하니 정각 8시가 되었다. 이미 40명에 가까운 신자들이 미사에 참례하기 위해 모여 있었다. ⚓

사형수 이야기를 들은 사람들

　　미사를 8시 15분에 시작했다. 미사 도중 말씀의 전례 때 독서를 할 의향이 있는 분들은 손을 들어 달라고 요청하니 남녀 여덟 명 정도가 손을 번쩍 든다. 어제 저녁 스티븐의 이야기를 열심히 들었고 또한 아침 뷔페식당에서 같은 식탁에서 아침을 함께 하면서 자기가 한국 태생이라고 말한 Paul Armstrong이라는 분도 역시 손을 들었다. 그래서 제1 독서는 Paul을 시켰다. 미사참례 숫자는 거의 70명 정도 되는 것 같다.

　복음을 내가 읽고 강론을 약 10분 정도 아래와 같이 했다.

　"이 자리에 계시는 모든 분들은 주님의 이름으로 영세를 받은 날부터 신앙생활을 해온 분들입니다. 계속되는 신앙생활을 변함없이 잘 한다는 것은 결코 쉬운 일이 아닙니다. 수많은 유혹이 매일 매일 우리 신앙을 위협하고 있었다. 갖은 유혹으로 우리 신앙을 흔들어대는 날카로운 공격에 부대껴 신앙을 잠정적으로 포기하는 수도 많습니다.

　반면에 단호한 결단으로 끈질긴 유혹을 물리치면서 그 때 그 때마다 신앙을 수호하는 승전의 기쁨을 맛보는 경우도 있습니다. 매일 신앙을 방해하는 무수한 도전에 직면하는 우리들 신앙을 변함없이 보존해 강한 신앙으로 성장시키기 위해서는 특단의 용기가 필요합니다. 왜냐하면 신앙은 볼 수 없는 대상을 내가 본 것처럼 받아들이고 믿어야 하기 때문입니다. 성경과 교회의 가르침을 통해, 볼 수 없는 신앙의 대상을 물리적으로 경험을 한 것처럼 영적으로 익숙해진 사람들도 많습니다.

그러나 한 순간도 방심할 수가 없습니다. 매순간 신앙을 지키기 위해 용맹한 결단과 기도가 필요합니다. 달리 말하면 신앙을 방해하는 어떠한 유혹에도 신앙을 양보하거나 포기하는 일이 없도록 기도와 강한 용기로 우리 마음을 무장하고 있어야 합니다. 일주일에 한 번 성당에 미사 참례하는 시간을 통했습니다. 우리 신앙이 재무장 되는 것은 아닙니다.

여러분이 순간순간 접하게 되는 주변 환경을 통해 신앙이 성장할 수 있도록 가능하도록 우리 마음의 문을 주님을 향해 열어 놓기 바랍니다. 그렇게 되면 자신이 어느 때 어느 장소에 있든 우리는 영적으로 주님을 경험하게 됩니다. 매일 더불어 살아가는 사람들을 통해서 우리는 주님을 경험하게 된다. 인간은 하느님의 모습으로 창조되었기에 사람들의 마음 안에 하느님의 모습이 내재하고 계신다. 매일 만나는 사람들을 통해서도 신앙의 중심인 하느님과의 관계를 변함없이 발전시키고 하느님과의 유대함을 강화시킬 수 있는 겁니다.

지금 우리는 알래스카를 관광하기 위해 유람선을 타고 알래스카에 와 있습니다. 알래스카의 웅장하고 아름다운 자연을 보고, 푸르고 푸른 바다를 보고, 거대한 빙산을 보면서, 우리는 하느님의 현존을 간접적으로 경험할 수도 있습니다. 꼭 알래스카의 자연 뿐만이 아니라 주변을 둘러싸고 있는 섬세하고도 웅장하며 절묘한 자연을 통해 우리는 간접적으로 하느님을 경험할 수가 있습니다. 왜냐하면 이 모든 자연은 하느님이 창조하신 하느님의 작품들이기 때문입니다. 그래서 자연을 통해서도 하느님과의 영적인 교류가 얼마든지 가능합니다.

주변에 있는 모든 것이 자신의 마음 안에 심어진 주님을 믿고 신앙을 더욱 발전시키며 성장시키는 데 대단히 중요한 자료가 됩니다. 신앙의 성장을 위해 우리 마음을 열어두면 매일 일어나는 생활 주변에서 하느님을 쉽게 만나게 되고, 만나게 되는 하느님과의 영적인 교류가 끝없이 이루어지면 신앙을 방해하는 어떠한 유혹들도 우리들 마음 안에 자리 잡을 수가 있겠는가.

저는 알래스카의 자연을 보면서 주님의 창조 능력에 감탄할 수밖에 없습니다. 또한 기기묘묘하게 창조하신 주님의 작품들을 통해 내 마음 깊은 데 자리 잡고 계신 나의 신앙의 대상인 주님을 닮은 모습을 재확인할 수 있다는 것만으로도 알래스카를 찾아온 보람이있다고 생각 됩니다. 우리와 매일 함께 사는 사람들, 우리를 둘러싸고 있는 자연, 무엇보다 아름다운 알래스카의 자연을 통해서 주님을 마음껏 경험할 수 있도록 우리 마음을 폭넓게 열어두기 바랍니다.

그러면 우리 신앙을 질투하는 어떠한 부정적인 요인들도 우리 신앙을 흔들어 놓을 수가 없을 것입니다. 여러분은 유람선을 타고 알래스카에 와서 웅장하고 아름다운 자연을 마음껏 즐기고 감상하는 그 순간에도 이러한 자연을 창조하신 하느님의 모습이 여러분 마음 안에 계신다는 사실을 잊지 말아야 합니다. 그리고 여러분 마음 안에 내재하시는 하느님의 모습을 통해 하느님이 창조하신 알래스카의 아름다운 자연을 묵상하면서 오늘도 즐겁고 보람 있는 하루가 되길 희망합니다.”

　위와 같은 말로 강론을 끝냈다. 영성체 때도 두 사람의 성체분배 지원자가 나와 성체분배를 도왔다. 신통하게도 간밤에 사형수 스티븐의 이야기를 들었던 여덟 명 전원이 미사참례를 했다. 미사 후 인사를 나누면서 짤막한 환담을 나누었다. ✹

초대 받은 좌담식 토론

뷔페식당에서 점심을 먹고 와서 방에서 쉬고 있는데 전화벨이 울린다. 나를 찾는 전화가 근래에 좀 잦은 편이다. 수화기를 들었다. 걸걸한 음성으로 정 신부님이냐고 묻는다. 그렇다고 대답을 하니 신부님이 시간이 있을 때 대화를 나누고 싶다는 내용이다. 자기는 필립 모어란 사람이며 역시 가톨릭 신자라고 소개하면서 열두 명 정도가 4층 작은 회의실에 모여 있는데 신부님이 오셔서 함께 이야기를 나누고 싶어 하는데 오실 수 있느냐고 묻는다.

열두 명 중 일곱 명이 가톨릭 신자인데 우리끼리 종교적인 이야기를 나누다가 신부님을 모시고 종교 이야기를 더 나누면 좋겠다는 의견이 나와서 가능하면 신부님이 와주시기를 바란다는 내용이다.

유람선을 여러 차례 탔지만 이러한 경우는 흔한 일이 아니다. 간밤에 잠을 불과 3시간 정도 밖에 자지 못했기에 오후에는 쉬면서 잠을 자려고 침대에 누워 있다가 전화를 받게 된 것이다. 이러한 기회를 내가 어떻게 거

_ 유람선 뷔페식당에서 유람객들과 환담

부할 수가 있겠는가. 이러한 경우 내 개인적인 사정을 포기하더라도 반드시 그들 요청에 응하는 것이 당연한 일이다.

나는 가겠다고 대답을 하고 즉시 침대에서 일어나 4층 소그룹 회의실을 찾아갔다. 열두 명 전원이 부부 동반으로 이야기를 주고받고 있었다. 내가 회의실로 들어가니 토론을 일단 중단하고 박수로 환영한다. 좌석에 앉은 분중 일곱, 여덟 명은 안면이 있다. 주로 미사에 참석한 분들이 다섯 명은 안면이 없는 분들이며, 한 쌍은 종교가 없는 분들이고 나머지 두 명

알래스카에서 만난 하느님

은 개신교 신자, 한 사람은 태중교우어머니가 자신을 임신을 하고 있을 때부터 신자인 경우를 뜻하는 말로 현재까지 교회를 등지고 산 냉담자다.

이들 중 다섯 명을 제외하고는 가톨릭 신자들인데 이중 몇 사람은 어제 저녁 사형수 스티븐의 이야기를 할 때 함께 있었던 분들이다. 한 부부만 캐나다 밴쿠버에서 왔고 나머지는 미국에서 왔는데 아홉 명은 다 다른 주에서 왔고, 내가 사는 샌프란시스코 Bay 지역에서 온 분도 있다. 한 부인이 현재 진행되고 있는 토론의 내용을 나에게 소개하면서 우리끼리 종교적인 이야기를 하는 중에 신부님도 참석하면 좋겠다고 판단해서 신부님을 초대했다고 한다.

그동안 주고받은 이야기는 다음과 같다고 한다. "지구촌에 하느님을 믿는 사람들의 숫자가 세계 인구의 반이 넘는다고 하는데 이들이 하느님을 본 듯이 믿는 것이 아니라 대다수가 맹목적으로 믿으면서 주일이 되면 성당이나 교회에 간다고 합니다. 실은 이 자리에 모여 있는 우리도 습관적으로 성당이나 교회에 가는데 이렇게 성당이나 교회에 매주 나가는 자체가 시간낭비 또는 경제적인 낭비가 아니겠습니까? 이런 문제로 우리끼리 이야기를 나누고 있었습니다"하면서 신부님의 생각은 어떠냐고 묻는다.

이런 질문에 나는 이렇게 대답하고 싶다. 여러분이 특별히 주일날 성당을 찾고 교회를 찾아가는 이유는 볼 수 없는 하느님이 볼 수 있는 하느님이 되어 세상을 찾아오신 예수 그리스도의 생명에 찬 말씀을 듣기 위해서이다. 그리고 윤리적이고 도덕적인 인간성 개발에 절대적으로 필요한 가르침을 듣기 위해 성당에 가는 것이다. 여러분이 인생을 어떻게 살아야 하는지 배우고 익혀 인성 개발에 꼭 중요한 귀감이 되는 교육현장이 바로 성당이라고 생각한다.

　인간의 마음을 끝없이 갈고 닦는 가르침이 없다면 인간성은 점점 황폐해지고 악해져서 인간사회는 극도로 험악하며 잔인한 무법천지가 되고 만다. 인간의 마음을 순화시키고 교화시키고 성화시키는데 가장 효과적인 가르침이 예수 그리스도의 생명에 찬 말씀이라고 생각한다. 예수님의 말씀을 통해서 인간성이 변함없이 성장하고 교화되는 무형의 막중한 혜택을 시간과 돈으로 어떻게 계산할 수가 있는가. 1800년도 후반에 태어난 프랑스의 사회과학자 Emile Durkheim이라는 사람은 인간은 종교적인 동물이라고 정의했다. 인간만이 종교를 가지고 종교의 가르침을 따르고 종교적인 행위를 한다. 다른 동물 세계에는 종교가 있을 수가 없다. 인간만이 종교적인 대상을 인식할 수가 있는 능력이 있는데 많은 사람들이 종교적인 참된 대상을 잘못 오인해서 믿고 있는 예가 너무 많다. 종교의 가르침은 내용이 명확하고 인간의 윤리적인 참된 삶을 유도하는 변할 수 없는 진리가 그 속에 있어야 한다. 그리고 가르침의 내용이 인간의 최대 희망사항인 인간구원에 대해 정확히 약속을 지키는 종교를 믿어야 한다. ✸

# 절대자를 찾는 인간의 종교적인 심향

열두 명의 소그룹이 나를 초대해 종교적인 대화를 나누는데 나의 말을 많이 듣고 싶다고 하면서 나에게 말할 수 있는 기회를 많이 주려고 배려하는 기색이 역력하다. 인간은 종교적인 심향을 가진 동물이다. 알래스카에 와서 보는 자연의 웅장함과 아름다움, 그리고 한없이 펼쳐져 있는 광활한 설경, 푸르고 푸른 바다를 보면서 느끼게 되는 감탄과 감동은 절대자의 존재를 의식하고 있는 인간의 종교적인 심향으로 부터 기인한다.

천둥, 번개, 벼락, 무서운 지진, 화산, 거대한 해일 또는 잔인한 전쟁으로 인한 대참사 등등 이루 말할 수 없는, 인간의 힘으로는 도저히 감당할 수 없는 천지 재난을 통해 우리는 절대 존재에 대해 경외심을 느낀다. 인간의 마음에 내재하는 인간만이 가진 종교적인 심향을 극도로 자극하는 사례들이 내면적인 충격과 감동을 체험하게 하는 것이다. 이러한 종교적인 심향이 인간을 초자연적이고 절대적인 존재에게로 이끄는 길잡이가 되어 종교를 가질 수 있도록 이끌어 주고 있다.

종교를 가지게 되는 기본 동기는 미래에 대한 인간 삶의 불안 요인 때문이다. 다가올 한 순간의 미래라 할지라도 그 순간적인 미래를 전혀 볼 수 없으므로 불안감을 피할 수 없다. 이러한 불안으로 부터 해방되고자 심리는 고민은 시공을 초월해서 아니 계신 데 없이 존재하는 절대 능력을 가진 절대 존재에게 의존하고자 한다.

이러한 심리적인 현상은 지극히 자연적인 일이다. 미래에 대한 불안을 해소할 수 있는 절대적인 힘을 가진 존재라고 판단되면 절대자의 힘을 끌어들이는 인간의 종교적 행위가 인간의 문화적인 배경에 따라 다양하게 나타난다. 이러한 인간 행위는 지극히 원시적인 모습으로 표현되는 미신 행위나 다름없다. 미래에 대한 다양한 불안요인들이 임시적이나마 해소된다는 심리적인 안도감 때문에 이같은 미신 행위를 반복하게 되는 것이다.

올바르고 보편적인 종교가 성립되기 위해서는 갖추어야 하는 지극히 기본적인 최소한의 네 가지 요소가 반드시 있어야 한다. 첫째, 종교의 대상은 시공을 초월한 초자연적인 유일무이한 절대 존재여야 한다. 둘째, 세기를 초월한 변할 수 없는 인간성 개발에 축을 이루는 윤리적이고 도덕적인 가르침이 있어야 한다. 셋째, 인간의 최대 관심사인 인간 미래에 대한 희망을 채우는 영원한 삶인 구원이 약속 되어야 한다. 넷째, 절대존재와의 관계를 끝없이 정상화 하는 대신 관계를 유지하기 위한 전례적인 표현이 있어야 한다.

적어도 이상의 기본적인 네 가지 요소들을 충족시키는 종교가 있다면 예수 그리스도가 세우신, 사도로부터 전수되어 온 가톨릭교회라고 나는 믿는다. 여기까지 이야기를 하다 보니 상당한 시간이 지나갔다. 듣는 분들의 경청하는 모습에 나도 상당히 고무된 기분을 느꼈는데 시간을 보니 벌써 오후 4시가 되었다. 신앙 상담은 여기서 종결을 지었다.

나는 일어나서 유람선 주변을 걷기 위해 방으로 와서 가벼운 옷차림으로 합판을 깔아놓은 유람선 6층으로 갔다. 나는 빠른 속도로 여덟 바퀴를 돈 후 맨손체조를 하고 방에 오니 오후 6시다.

샤워를 하고 그 길로 뷔페식당으로 가서 저녁을 일찍 먹고 방으로 와서 좀 쉰다는 게 잠이 들었다. 깨고 보니 새벽 4시경이다. 장장 8시간 이상을 중간에 한 번도 깨지 않고 숙면을 했다. 몸이 날듯이 개운하고 상쾌하다. 그 간에 쌓인 피로가 완전히 가셔버렸다.

아침기도를 바치고 6층으로 내려갔다. 유람선 둘레를 두 바퀴 돌았다. 맑은 공기, 아름다운 청정 바다. 오늘따라 구름 한 점 없는 해맑은 하늘에 하늘의 여왕이라 불리는 알래스카의 독수리가 날개를 활짝 펼치고 그들 나름대로의 위용을 마음껏 자랑이라도 하듯 공중을 휘젓고 날아다닌다. 이러한 절경을 혼자 보기에는 너무나 아깝다. 하느님의 조화가 이렇게 무궁무진할 수가 있는가 하는 감탄을 연발하면서 걸었다.

시간은 아침 5시이지만 6월 한 달은 해 뜨는 시간이 오전 3시 39분이다. 그러니 아침 5시는 대낮이나 마찬가지다. 나는 뷔페식당으로 갔는데 너무 이른 아침이기에 조반하는 사람들이 그리 많지 않다.

오늘은 오전 8시 30분부터 Rubber Rafts급류를 따라 고무보트를 타는 것를 타는 날이다. 아침을 먹고 방으로 와서 고무보트를 타기 위해 따뜻한 점 퍼와 필요한 준비물들을 챙겼다. 유람선은 알래스카 Seward 항구로부터 밤새워 항해를 계속해 이미 Haines 항구에 정박하고 있다.

Haines 항구는 1879년 감리교 선교사 Francina Haines의 이름을 따서 Haines라고 명명한 도시다. 선교사의 목적은 신앙과 교육이었다. 세계제 2차대전 전에는 Haines에 처음으로 미군기지가 설치되었다고 한다. Haines는 야생동물의 낙원이다. 소박한 아름다움으로 둘러싸인 Haines 를 방문하는 최적기는 여름보다 겨울철인 1월이다. 연 평균 기온이 화씨 26도이며 낮을 때는 평균기온이 화씨 19도다. 오늘 내가 선택한 옵션은 Eagle Preserve Float Adventure인데 급류에 고무보트를 타고 모험을 즐 기는 날이다. ✿

알래스카에서 만난 하느님

알래스카 유람선 지도 신부

세 번째 이야기

PRAYER IN ALASKA

_ 캐나다 벤쿠버 영국 여왕 엘리사벳 공원

고무보트에서의 스릴

2008년 9월 11일(목) 오전, 네 시간짜리 Eagle Preserve Float Adventure를 즐기기 위해 미리 대기하고 있던 버스에 40명이 타고 아침 8시 30분에 출발했다. 약 40분 정도 가서 흙탕물이 치는 강 어귀에 버스가 섰다.

이미 우리 일행을 기다리고 있는 안내 전문가들이 버스에서 내린 40명을 8명으로 한 조씩 구성해 다섯 조를 편성했다. 여덟 명으로 구성된 한 조마다 한 사람씩 급류 고무보트Rubber Rafts 전문가인 전문 안내원이 붙는다. 고무보트가 잘못된 방향으로 간다든가 바위나 나무토막에 걸리게 되면 이들 안내원이 고무보트를 바르게 조절해준다.

버스에서 내리자마자 미리 대기하고 있던 안내원들이 우리에게 무릎까지 오는 긴 고무장화와 빨간 구명조끼를 한 벌씩 나누어 준다. 긴 장화를 신고 두터운 구명조끼를 입은 여덟 명이 고무보트에 타고 안내 전문가도 한 사람씩 탄다. 한 고무보트에 아홉 명이 탄다. 고무보트를 탄 후 배를 급

_ 안내원이 고무보트 타는 요령을 설명

류에 띄우기 전에 보트를 타는 요령과 만약에 배가 뒤집어졌을 때 어떻게 대처하는지에 대한 간단한 내용을 알려준다.

그리고나서 여덟 명이 탄 고무보트를 하나씩 급류에 띄운다. 산 정상에 서부터 눈 녹은 물이 합류해서 급류를 이룬다. 그 급류에 고무보트가 떠 내려가게 되는 것이다. 때로는 꼬불꼬불한 물길을 따라 내려가기도 하고, 때로는 폭이 넓은 강과 같은 곳으로 지나가기도 하고, 때로는 폭포처럼 경사가 엄청나게 심한 곳도 지나가며 아슬아슬한 이 느낌이 정말 통쾌하

알래스카에서 만난 하느님

기만 하다. 자칫하다가는 중심을 잃고 물에 빠질 것 같다. 먼저 출발한 배가 급류에 휩쓸려 내려가면서 바위나 나무토막에 걸려 저 뒤쪽으로 처지는 수도 있다.

황량한 들판과 같은 넓은 대지 위에 모양새 없는 나무들이 드문드문 서 있다. 홍수에 떠내려 오다가 이리저리 흩어져 있는 나무토막들, 모진 추위에 시달리면서 자란 덤불들도 눈에 띈다. 하늘의 제왕 독수리가 하늘을 가로질러 힘차게 날고 있다. 이러한 자연의 모습이 한 데 어울려 그 나름대로 아름다움을 드러내고 있다.

자연의 이치에 순응하며 오랜 세월 버텨온 이러한 광활한 산야에서도 주님의 능하신 창조 솜씨를 접하게 된다. 고무보트를 즐기면서도 나의 존재 깊이 박힌 하느님에 대한 신앙을 강화하고 확인하게 된다. 급류로 고무보트가 급히 내려가는데 굽이굽이 흐르는 물길 주변 나뭇가지에 앉은 독수리를 카메라에 담아 보려고 배에 탄 여덟 명이 고무보트 한쪽으로 한순간에 몰렸다.

하마터면 고무보트가 뒤집어질 뻔했다. 다행히 안내원이 재빠르게 대처했기에 위기를 면했다. 사람이 배 밖으로 튕겨 나오게 되어도 생명에는 지장이 없다고 한다. 하지만 고산지대 빙산에서 녹아내린 차가운 얼음물에 온몸이 젖는다는 것을 상상해보면 순간 오싹해진다.

약 2시간 이상 고무보트를 즐긴 후 강 언덕에 배를 정착하고 우리는 배에서 내렸다. 뜨거운 커피와 간단한 음식과 과일이 준비되어 있었다. 구름 한 점 없는 맑은 날씨에다 기온도 아침에 일찍 나올 때에 비해 훨씬 포근한 편이다. 강변에 나오니 광장같이 넓은 공간이 있는데 주변은 울창한 나무들로 빽빽이 둘러싸여 있다. 역시 난생 처음 타 본 고무보트였기에 평생 잊을 수 없는 좋은 추억이 되리라.

유람선 지도 신부로서 알래스카 유람선을 타지 않았더라면 황량한 알래스카 산야에서처럼 스릴 넘치는 고무보트를 어떻게 경험할 수가 있을까 생각하니 이 같은 기회를 주신 우리 주님께 한없는 고마움을 느끼게 된다. 경제적인 여유가 있다 하더라도 이러한 경험을 한다는 것은 결코 쉽지 않은 일이리라.

빵에다 얇게 썬 칠면조 고기를 얹고 양배추 잎과 양념을 발라 샌드위치를 만들어 커피와 함께 먹었다. 그리고 사과 한 개와 우유를 먹고 나니 한 끼 점심으로 충분한 것 같다. 고무보트를 사람들은 다들 자기들도 처음 타 봤는데 너무나 좋았다고들 한다. 뭍에 도착해 긴 고무장화와 구명조끼를 반납했다. 이러한 장비를 싣기 위해 이미 큰 트럭이 와서 우리가 벗어 놓은 장비를 차에 싣고 우리가 이 장비를 입었던 장소로 가지고 간다. 다음 사람들을 위해 제자리에 옮겨 두는 것이다.

아침에 우리를 싣고 온 버스가 우리 일행을 유람선까지 태워주기 위해 대기하고 있다. 유람선으로 돌아오니 어느새 오후 1시가 되었다. ❀

알래스카에서 만난 하느님

미사의 의미

유람선으로 돌아온 후 뷔페식당으로 갔다. 점심을 강변에서 먹었지만 막상 유람선에 돌아와 생각하니 뷔페식당으로 가야 되겠다는 생각이 들었다.

마침 닭죽이 있기에 닭죽을 사발에 뜨고 커피를 든 채 창가 식탁에 앉았다. 오전에 고무보트를 함께 탄 일행이 모두 뷔페식당에 온 것 같다. 닭죽을 먹고 방으로 곧장 와서 5시 미사 시간까지 약 3시간 가까이 남아 있는 여유 시간에 책상에 앉아 강론 준비를 했다.

3시 30분경에 전화벨이 울렸다. 수화기를 들었다. 미사 준비를 하는 승무원이 미사 드리는 Wajang이라는 극장에 교우들이 다섯 명 가까이 와서 이들 모두가 5시 미사 전에 고백성사를 보고 싶다며 기다리고 있다고 한다. 나는 고백성사를 끝내고 바로 미사를 봉헌할 생각으로 장백의를 챙기고 사제복으로 정장을 하고 미사를 드릴 장소로 갔다.

그 사이 다섯 명이라고 하던 숫자가 여덟 명으로 늘어났다. 그래서 극

_ 유람선 선내에서

장 모퉁이에 의자를 두 개 두고 마주보고 앉아서 상담식 고백성사를 보도
록 했다. 여덟 명 전원이 총 고백을 보다시피 한다. 한 사람씩 그동안 쌓
아 둔 크고 작은 잘못을 이야기 하다 보니 한 사람당 10분 정도 걸린다.

고백성사를 다 끝내고 나니 5시가 다 되었다. 미사에 참례한 여러분과
세계 평화, 사제성소 증가를 위해 지향을 두고 미사를 봉헌하겠다고 약속
하고 5시 정각에 미사를 시작했다. 나는 아래와 같이 강론을 했다.

"미사는 예수 그리스도의 지상 생활의 정점인 그리스도 십자가의 죽으

알래스카에서 만난 하느님

심과 삼일 만에 무덤에서 다시 살아나신 부활의 신비가 실제로 재현되면서 하늘에 계시는 천주성부께 봉헌되는 제사입니다. 제사에는 반드시 제관과 제물이 있어야 하는데 예수 그리스도 자신이 제관이 되시고 동시에 희생제물이 되셔서 하늘과 땅을 화해시키는 희생 제물로 십자가에 못 박혀 죽으시면서 제물의 역할을 다 하신 것입니다. 그리고 부활하심으로써 십자가 고통의 신비를 통해서 보상받은 영원한 생명을 그리스도를 믿는 모든 사람이 함께 해택 받을 수 있다는 희망찬 구원의 약속을 하셨습니다.

여러분이 참석한 미사는 미사를 집전하는 제관도 미사에 봉헌되는 제물도 예수 그리스도 자신입니다. 예수님이 제자들과 마지막 만찬을 하실 때 준비된 음식은 빵과 포도주였습니다. 빵과 포도주는 당신이 십자가에서 돌아가심으로써 인간 구원에 필요한 무한한 공로가 되는 가치를 갖게 되었습니다. 빵은 그리스도의 몸을 포도주는 그리스도의 피를 뜻합니다.

성당마다 봉헌하는 미사의 제관과 제물은 동일 인물인 예수 그리스도입니다. 그리고 미사를 집전하는 사제는 대제관인 그리스도 사제직에 함께 동참하는 역할을 합니다. 미사에 참석한 교우 여러분들도 미사를 집전하는 사제를 통해 대사제이신 그리스도의 사제직에 함께 동참하게 됩니다. 예수님은 제자들과 성만찬을 가질 때 빵을 들고 '이는 내 몸이니 너희는 받아먹어라' 하시면서 제자들에게 빵을 떼어주셨고, 포도주 잔을 들고 '이는 너희를 위해 흘릴 나의 피니 받아 마셔라' 하시며 잔을 돌리셨고 제자들은 마셨습니다.

그리고 '나의 십자가 고통의 신비와 나의 부활인 영광의 신비를 영원히 기억하기 위해 방금 내가 이행한 이 예식을 행하라'고 제자들에게 당부하셨습니다마태26, 26~30; 마르14, 22~26; 루카22, 17~20. 성만찬 때 예수님이 사용한 음식은 빈부의 차이 없이 누구나 먹어야 하는 빵과 누구나 음료수처럼 마실 수 있는 포도주였습니다. 성만찬 때 값비싼 음식과 음료수를 예수님의 몸과 피로 변화시키는 재료로 사용하셨다면 가난한 일반 서민들은 예수님의 몸과 피를 영접하기가 결코 쉽지 않았을 것입니다.

성만찬은 만인에게 똑같이 천상 은혜를 배분하는 예수님의 무한한 사랑을 표현하는 것입니다. 그래서 성만찬 때 준비된 음식은 어디에서든지 쉽게 구할 수 있는 값싼 빵과 포도주였습니다. 우리가 미사에 참례하는 기본적인 이유는 영성체를 통해 실제로 살아계시는 예수 그리스도의 고통의 신비와 부활의 신비를 체험하는 은혜를 얻고자 함입니다. 영성체를 통해 구체적으로 살아계시는 예수 그리스도를 자주 체험함으로써 우리들은 예수님과 가까워지고 결국 예수님과 일치를 이루는 신앙의 최고 정점에 도달하게 되는 것입니다."

미사를 끝내고 인사를 나누는데 한 분이 다가왔다. 신부님의 강론을 듣고 미사 때 영성체를 반드시 해야겠다는 결심을 했다고 하면서 영성체의 중요성을 깨우쳐 주어 감사하다고 한다. ✿

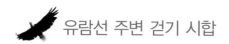# 유람선 주변 걷기 시합

　　알래스카의 6월은 해가 지는 시간이 밤 10시 20분이며 해 뜨는 시간은 새벽 3시 49분이다.

　　오후 5시 미사를 끝내고 나니 5시 45분경이 되었다. 해가 지려면 아직도 5시간이 남아 있다. 가벼운 옷차림으로 6층 마루를 걷기 시작할 무렵 미사를 한 번도 빠지지 않고 참례해 온 남녀 교우 다섯 명이 한 그룹을 이루어 걷기 위해 나온다.

　　이들과 함께 걷는데 60대 가까이 되어 보이는 John이라는 사람이 "신부님, 유람선을 몇 바퀴까지 돌 수 있는지 우리 함께 시합을 하면 어떻겠습니까?"고 제안을 했다. 어차피 또한 매일 걷는 습관이 있으니 걷는 데까지 함께 걷자고 대답했다.

　　배는 Haines 항구를 출발해 다시 알래스카의 수도인 Juneau를 향해 항해를 하고 있다. Holland America Line이라는 거대한 유람선 회사에 속한 유람선 Ms. Westerdam은 미국 Seattle에서 타고 2008년 9월 7일(일)

에 출발해 알래스카 연안 항구를 관광하는 코스다.

　미국 Seattle에서 출발한 유람선은 캐나다 서해안을 따라 중단 없는 항해를 계속하다가 첫 번째 항구도시 Ketchikan에 정박한다. 그 다음 북상하면서 알래스카 수도 Juneau에 정박한다. 그리고나서 다시 북상을 계속해 알래스카에서 제일 큰 도시 앵커리지 밑에 있는 태평양 연안에 위치한 항구도시 Seward까지 갔다가 다시 내려오게 된다.

　Seward 항구는 미국 17대 Andrew Johnson 대통령 당시 미 국무장관을 지낸 William H. Seward의 이름을 딴 도시다. 그때 미 국무장관인 Seward는 1867년에 알래스카를 소련으로부터 당시 7백 2십만 달러를 주고 구입할 때 주역을 맡은 인물이었다. Seward 항구는 세계 제2차 대전 이후 군사기지로 급부상 했으며 지금도 중요한 군사기지이다. Seward 도시 인구는 2005년 인구조사에 의하면 3,016명이다.

　유람선은 Seward까지 갔다가 다시 남쪽으로 계속 항해를 하면서 북상할 때 들르지 못한 Skagway에 갔다가 내려오면서 Haines를 거쳐 다시 수도 Juneau를 향해 항해를 계속하고 있다.

　맑고 구름 한 점 없는 청명한 날씨지만 걷는데 몸이 흔들릴 정도로 강한 바람이 불고 있다. 체감온도는 섭씨 영하 10도가 될 정도로 살결이 따갑도록 차갑다. 우리는 열심히 걸었다. 걷는 시합을 하는 것이니 서로들 부지런을 떨지 않을 수가 없다.

　여섯 바퀴를 돌 때 두 명의 여교우가 걷기를 포기했다. 그러나 나를 포함한 나머지 네 명은 부지런히 걷고 있다. 시야에 들어오는 경치는 정말 절경이다. 푸르고 깨끗한 알래스카의 바다가 유별나게 아름다워 보인다. 저 멀리 높은 산 정상에는 하얀 눈으로 짙게 치장을 한 우람한 빙산들이 걷고 있는 우리의 몸의 열기를 식혀주는 것 같다. 울창한 상록수로 빽빽이 들어선 조막만한 섬들이 보인다. 이 모든 자연의 경치가 한 폭의 그림과 다름없이 아름답다.

서로 많이 걷고 빠르게 걸으려고 경쟁을 하다 보니 온몸이 땀으로 흠뻑 젖는다. 여덟 바퀴째 도는데 또 탈락하는 교우가 한 명 더 늘었다. 이젠 세 명이 마지막으로 걷고 있다. 열 바퀴째 돌 때 또 두 명이 기권했다. 결국 나 혼자 두 바퀴를 더 돌아 도합 열두 바퀴를 돌았다.

나는 걷고 나서 반드시 맨손체조를 한다. 결국 마지막 두 바퀴를 혼자서 더 돌았으니 내가 이번 걷기 대회에서 일등을 한 셈이다. 함께 출발한 이들은 걸으면서 중간에 기권을 하고 다들 유람선 실내로 들어가 버렸다. 무엇보다 강풍에 체감온도가 섭씨 영하 10도에 가까운 매서운 추위 때문에 모두 중간에 기권하고 실내로 들어간 것 같다.

유람선 둘레를 세 바퀴 돌면 1mile이다. 1mile은 1.6km다. 거리상으로는 그렇게 먼 거리가 아닌데 몸이 흔들릴 정도로 불어대는 강풍과 매서운 추위 때문에 함께 걷던 분들이 중간에 기권할 수밖에 없었던 것 같다.

나는 방으로 들어오자마자 뜨거운 물을 틀어놓고 샤워를 했다. 언제나 그러했듯이 걷고 난 후 뜨거운 물에 샤워를 하고 나면 온몸이 날듯이 상쾌하고 개운하다.

저녁 식사시간이 되었기에 사제복을 입고 4층 대형식당으로 갔다. 함께 걸었던 교우 네 명이 30분 전에 와서 나와 같은 식탁에서 저녁을 함께 하려고 기다리고 있다. 그래서 안내 승무원이 다섯 명이 앉을 수 있는 식탁으로 우리를 안내한다. 각자 취향에 따라 맛있는 음식을 주문했다. 이들은 곁들여 포도주를 주문해 마시고 나는 생수를 주문해 마시면서 담소를 나누었다.

저녁 식사가 다 끝날 무렵 한 분이 봉지를 하나 꺼낸다. '걷는 경기에서 신부님이 1등을 했기에 우리가 준비한 상'이라고 하면서 큰 플라스틱 봉지를 꺼내어 펴는데 Holland America Line이라는 글씨가 새겨진 겨울용 조끼다. ⚓

알래스카에서 만난 하느님

대화

저녁식사를 마치고 방으로 곧장 가려고 했는데 이분들이 뷔페식당에서 커피를 마시자고 한다. 사제가 된 동기와 어떻게 유람선 지도 신부가 되었는지 알고 싶으며, 덧붙여 신앙 이야기도 듣고 싶다고 한다. 그래서 10시에 10층 뷔페식당에서 만나기로 약속을 했다.

시간을 보니 벌써 밤 9시 30분경이 되었다. 방에 와서 편한 복장으로 유람선 6층으로 내려가 유람선 둘레를 한 바퀴 돌았다. 아직 해는 지지 않았지만 서쪽 하늘은 짙은 장미빛깔로 노을이 물들어 있다. 몇 시간 전에 오늘 저녁식사를 함께 한 분들과 걸을 때는 몸을 바로 세워 걸을 수가 없을 정도로 바람이 강했는데, 그때에 비하면 바람의 세기가 약해져 훨씬 푸근하다.

석양이 만들어내는 알래스카의 저녁노을은 절경이다. 자연적으로 생겨나는 절묘한 경관이라 하지만 이 또한 신비로 가득한 초월자의 무궁무진한 절대능력의 안배임에 틀림없다. 좀더 걸으면서 알래스카의 아름다운

_ 알래스카 케치켄 항구도시의 해안

저녁노을을 바라보며 절대자가 안배한 자연현상을 더 오래 묵상하고 싶
지만 약속한 시간 때문에 뷔페식당으로 갔다.

뷔페식당 안으로 들어가니 노을을 볼 수 있는 창가 식탁에 이미 두 사
람이 와 앉아 있다. 나도 카페인 없는 커피를 가지고 같은 식탁에 앉아
이야기를 나누는데 두 사람이 더 왔다.

나를 비롯해 다섯 사람이 앉아 커피를 마시며 서로 자기소개를 간단히
하기로 했다. 다들 신부님의 자기소개와 신부님이 사제가 된 동기와 유람

알래스카에서 만난 하느님

선 사목을 하게 된 동기를 듣고 싶다고 한다. '한두 시간 안에 이야기를 끝낼 수가 없겠구나' 하는 생각이 든다. 내 이야기를 듣고 싶어 하기에 내가 먼저 얘기를 시작했다.

"나는 한국에서 태어났습니다. 스물두 살에 영세를 받고 군대를 거쳐서 스물일곱 살에 신학대학교에 입학했고 8년 후인 서른다섯 살에 신품을 받고 신부가 되었습니다. 1년간 보좌신부를 거쳐 본당신부로 사목을 하다가 내가 속한 교구에 새 성당을 짓고 1979년 이탈리아 로마로 유학을 떠났습니다.

1981년 캐나다 밴쿠버 한인성당 사목을 위해 발령이 났고, 1986년 미국 샌프란시스코 대교구 내 한인성당으로 이동 발령이 났습니다. 이로부터 3년 후인 1989년 샌프란시스코 대교구 사제로 이적이 되었습니다. 그리고 1996년부터 약 7년간 미국 사목을 하다가 2003년 1월 1일자로 사목 일선에서 은퇴했습니다.

2005년 12월부터 유람선 지도 신부가 되었는데 물론 현지 대주교님의 추천 편지가 유람선 지도 신부가 되는데 결정적인 역할을 했습니다. 유람선 사도직의 총본부는 텍사스에 있으며 이곳에 정식으로 등록이 된 신부님들만이 유람선 지도 신부가 되며 나도 정식으로 등록이 되어 있기에 유람선 지도 신부로 사목을 하고 있습니다.

지금까지 일 년에 한두 차례씩 유람선 사목을 하고 있으며 그동안 사목한 내용을 정리해 한 권의 책으로 출판할 계획입니다.

나는 가정환경이 부유한, 대대로 불교를 믿는 완고한 가정에서 태어났기에 기독교, 즉 가톨릭 교회를 알 리가 전혀 없었습니다. 그런데 내가 열한 살 때 아버님이 돌아가셨습니다. 향년 45세였습니다.

이 때만 하더라도 인간의 죽음을 전혀 몰랐습니다. 이유는 열한 살 때까지 한 번도 주변에서 죽음을 본 경험이 없었기 때문입니다. 이때부터 나는 인간의 죽음이 무엇인가, 인간이 왜 죽어야 하며, 죽으면 어디로 가며, 언제 또 다시 돌아오는지 등등의 생각으로 잠을 못 이룰 때가 많았습니다. 세상만사는 다 지나가고, 지나가는 것이 분명한데, 죽지 않고 영원히 존재하는 것은 없는가 하는 생각이 꼬리에 꼬리를 물고 나를 잠 못 이루게 한 적이 많았습니다. 그런데 내가 열아홉 살 때 우연히 가톨릭 교회를 알게 되었고 가톨릭의 가르침을 통해 그토록 알고 싶어 했던 인생전반에 대한 해답을 얻었기에 이때부터 성당에 나가기 시작했습니다.

그래서 가톨릭에 대한 교리를 많이 배웠고 가톨릭 서적을 많이 읽었습니다. 결국 1959년 스물두 살 때 한국에서 선교사로 일하던 프랑스 신부님으로부터 '안토니오Anthony'라는 세례명으로 세례를 받게 되었습니다. 그리고 육군병원에서 육군 사병으로 근무할 때 사망한 병사를 해부하는 장면을 의도적으로 몇 차례 보면서 신부가 되겠다는 생각을 굳혔습니다. 나는 신부가 되었고, 현재는 은퇴를 하고 유람선 지도 신부로 일하면서 그 일곱 권의 책을 출판하기도 했는데 이 중 두 권은 영어로 된 책입니다." ⚓

알래스카에서 만난 하느님

 그리고 질문

　나는 거의 한 시간 가까이 이야기를 계속했다. 듣는 분들이 너무나 진지한 태도로 듣고 있었기 때문이다. 그런데 자리를 떠날 생각을 하지 않고 한 분이 질문을 한다. 가톨릭 신부님들은 결혼을 하지 않고 주님이신 예수 그리스도를 위해 독신으로 사제 생활을 평생토록 하는데 결혼에 대한 유혹이 전혀 없었느냐고 묻는다. 일반적으로 이 문제가 제일 궁금한 모양이다. 이러한 질문은 사제로서 자주 받은 질문 중 하나이다. 그래서 이렇게 얘기했다.

　유혹을 전혀 못 느끼고 사제 생활을 한다고 말하면 분명히 거짓말임에 틀림없다. 사제도 여러분과 똑같은 인간 조건을 가지고 있다는 점은 의심의 여지가 없다. 그렇다면 여러 가지 인간적인 유혹, 특히 이성적인 유혹을 느끼는 것도 당연하다. 그러나 인간적인 성적 쾌락을 어떠한 시각으로 보느냐에 따라 이러한 유혹을 쉽게 극복하기도 하고 또한 힘들고 어렵게 극복하기도 하고 또는 성적 유혹에 빠져버리는 현상이 생길 수도 있다.

_ 미사 후 교우들과 함께

성적 쾌락은 결코 자신의 탓으로 나타나는 현상이 아니고 지극히 자연적인 현상이며 결코 나쁜 것만은 아니라고 생각한다. 성적 쾌락 때문에 이성간의 사랑이 성립되고 또한 성적 쾌락을 동반한 건전한 성적인 교류를 통해 너와 나인 인간이 세상에 태어난다는 것도 동서고금을 통해 변할 수 없는 진리다.

한 인간이 세상에 태어나기 위한 유일한 방법은 서로 다른 성과 만나는 것이다. 광활한 우주를 몽땅 다 준다 하더라고 개개인의 한 생명과 바꿀

알래스카에서 만난 하느님

수 없을 정도로 개개인의 생명은 귀하다. 그토록 귀한 인간을 세상에 태어나게 하기 위해 창조주께서 안배하시는 귀한 선물이 이성간의 성적 쾌락이 아니겠는가.

그런데 이러한 성적 매력을 의도적으로 외면하면서 오로지 주님만을 위해 자연적인 성적 충동을 억제하고 성적 쾌락을 포기하면서 살아가는 사람들이 있다. 이들이 사제 아니겠는가. 아무나 결혼을 포기하고 사제가 될 수는 없다. 그러나 창조주이신 주님을 위한 특별한 소명으로 성적인 쾌락을 포기하고 살아가는 사람들도 분명히 있다. 그 사람들이 바로 나 같은 사람들이다.

인간의 수명은 백 년 미만이다. 주 예수 그리스도가 약속하신 영원한 행복으로 이어지는 영원한 삶이 분명이 있다면 백 년도 못 살고 삶을 마무리해야 하는 인간에게는 희망의 기쁜 소식임에 틀림없다. 우리는 참으로 행복한 사람들이다.

미사 때마다 우리는 영성체를 통해 신앙의 대상인 예수 그리스도를 실제로 우리 몸에 모심으로써 예수님과 깊이 일치된다. 예수님의 말씀을 통해 인간적인 여러 가지 강한 욕망들을 관리하고 조절하고 억제하면서 영적으로 성장하여 품위 있게 성화될 수 있도록 예수님은 가르치고 계신다.

여러분의 질문에 대한 결론을 이야기하면서 오늘 우리의 대화를 마무리할까 한다. 사제도 여러분과 하나도 다를 바 없는 똑 같은 인간 조건을 가지고 있다. 여러분이 매일 물리적인 온갖 유혹에 노출되어 있는 것과 마찬가지로 사제들도 매순간 유혹하는 물리적인 결코 해방될 수가 없다.

세상을 보는 세계관, 인생관, 가치관 내지는 삶의 목적에 따라 세상에서 일어나는 여러 가지 유혹들, 무엇보다 여러분이 언급한 성적 유혹을 관리하고 억제하는 데 별다른 어려움을 못 느낄 수도 있다. 그러므로 이러한 유혹들을 자신의 인간성 개발 내지는 성덕에 도움이 되는 다양한 영적 영양으로 섭취하는 것이 바람직하다.

각자가 성화되는데 절대적으로 필요한 귀한 요소로 여러 가지 유형의 유혹을 긍정적이고 생산적으로 활용하면, 십자가의 신비를 통해 예수님 부활의 영광을 얻어내는 기적의 결과가 여러분에게도 생겨나리라 믿는다. 나도 여러분과 같은 나이를 지나왔다.

시간은 결코 멈추지 않고 계속 흘러가는데 인간도 시간이라는 수레에 얹혀 시간과 함께 미래를 향해 멈추지 않고 달려간다. 태어나는 순간부터 죽음을 향해 쉬지 않고 행진을 계속하다가 결국 죽음이라는 마지막 한 지점에 도달한다. 요람에서 죽음에 이르는 마지막 지점까지 달리는 데 소요되는 시간은 고작 백 년 안쪽이다.

백 년을 살고 천 년을 산다고 가정해 보자. 기나긴 천 년이라는 세월도 돌이켜 생각하면 바로 어제같이 느껴질 것이다. 즉 백 년이든 천 년이든 현재까지 살아온 시점에서 돌이켜보면 지나간 시간이 바로 어제 같이 생각될 것이다.

여기까지 대화를 하고 나니 밤 12시 10분이 되었다. ☸

알래스카에서 만난 하느님

 밤새워 달린 유람선

새벽 4시경에 일어나 오전에는 고무보트의 위험한 모험을 즐겼고, 오후 5시에는 미사를 봉헌했고, 걷는 시합을 통해 유람선 주변을 열두 바퀴 돌았다. 저녁식사를 함께 하고 많이 걷기 시합에서 내가 이겼다며 Holland America Line이라는 글씨가 새겨진 따뜻한 조끼를 선물로 받기도 했다. 그리고 저녁식사 후에는 함께 저녁식사를 한 교우들과 밤 10시경에 다시 만나 밤 12시가 넘도록 대화를 나누었다.

오늘 하루는 유별나게 바쁜 하루였다. 유람선 사목을 하면서 하루 동안 이처럼 많은 일들로 바쁘게 보낸 경우도 드물다. 그런데도 피곤하지 않은 이유는 매일 빠지지 않고 평소에 걷는 운동인 것 같다. 하루 세 끼는 철저히 먹고 세 끼 중간에는 아무런 군음식을 먹지 않은 지도 30년이 넘는다. 일반적으로 일찍 자고 일찍 일어나는 단순한 생활 버릇이 건강을 유지하는 비결인 것 같다.

방으로 돌아왔을 때는 이미 새벽 1시가 넘었다. 간단히 저녁기도를 바치고 잠을 즉시 잘 자도록 주님의 도움을 청하는 기도를 함께 바치고 잠자리에 들었다.

침대에서 눈을 뜨고 보니 새벽 5시 40분이다. 약 5시간 정도 푹 잔 셈이다. 아침기도를 통해 언제 어디서나 함께 계시고 유람선 사목을 하는 나를 도와주시면서 나에게 용기를 주시며 격려해 주시는 주님께 새로운 하루를 부탁드렸다. 그리고 뷔페식당으로 갔다. 이미 유람선은 Juneau에 다시 와서 잠시나마 깊은 휴식을 취하고 있다.

오늘은 미사 시간이 오전 8시다. 뷔페식당에 진열해 둔 음식 중에서 닭죽 한 사발과 구운 빵 두 쪽과 우유 한 컵, 그리고 커피를 가지고 식탁 창가에 앉았다.

음식을 먹고는 창밖을 통해 Juneau 도시 모습을 보면서 나름대로 생각에 잠겼다. 유람선 여행을 즐기는 사람들은 생활 여유가 허락되어야 한다. 여행 경비가 만만치 않기 때문이다. 이들 일반 여행객들과 똑같이 경비를 지불한다면 도저히 불가능한 일이지만 나는 유람선 지도 신부이기에 비용을 지불하는 것이 전혀 없다.

일반 사람들이 평생 한 번 탈까 말까 하는 유람선을 몇 차례나 타고 다닌다는 것이 보통 복이 아니라며 다들 부러워한다. 특별한 재주도 능력도 요령도 없고 무엇보다 영어 실력도 그리 능통하지 않은 나 같은 사람에게 이와 같은 기회를 주신 우리 주님께 항상 감사하지 않을 수 없다.

유람선을 타고 다니면서 세계 도처에서 모여든 여러 사람들을 만나고

알래스카에서 만난 하느님

대화를 나누며 이들을 통해 주님의 다양한 모습을 새롭게 경험할 수 있는 것 역시 축복이다. 세계는 하나이며 지구촌에 사는 모든 분들이 하느님의 귀한 자녀들임을 깨닫게 되는 것 역시 축복임에 틀림없다.

그리고 알래스카 유람선 사목을 통해서 내가 주님과의 관계를 더욱 두텁게, 더욱 강하게 체험할 수 있는 귀한 선물은 아름답고 웅장한 알래스카의 자연을 통해서 얻는 경험이다. 이러한 생각들을 하며 창문을 통해 알래스카의 수도 Juneau를 보면서 시간을 보내다가 미사 시간 때문에 일어났다.

7시 30분경에 미사를 드리기로 한 Wajang이라는 소극장으로 갔다. 미사 시간이 가까워지니 사람들이 모이기 시작해 미사가 시작될 때는 거의 50명에 가까운 신자들이 모였다. 유람객들을 위해 매일 미사를 영어로 집전하다 보니 영어 미사를 드리는데 별 어려움이 없다.

정각 8시에 미사를 시작했다. 미사 때마다 평균 50명은 고정적으로 나오는 것 같다. 미사에 참례하는 성의가 놀랍다. 미사에 참례하는 이들의 태도는 참으로 진지하다. 며칠 전 사형수 스티븐의 이야기를 들었던 10여 명 가까운 이들이 전원 미사 참례를 하고 있다. 간밤에 늦게까지 이야기를 함께 나누었던 분들도 역시 미사에 나왔다.

미사를 끝내고 인사를 나누는데 중년 부인이 나에게 가까이 다가왔다. 자기 아들이 한국에서 3년간 육군 대위로 근무하다가 귀국한 지 불과 몇 달 되지 않는다고 하면서 신부님은 한국계 미국 사람이냐고 묻는다.

이 말을 듣고 한바탕 웃으면서 물론 나는 한국 태생이지만 미국 시민권 자라고 소개했다. 나는 한국에서 태어났고 신품성사도 한국에서 받았다. 한국을 떠난 때는 1979년인데 미국 샌프란시스코 교구로 온 것은 1986년 이다. 교구 내 한국 교포 사목을 하고서는 약 7년간 미국 사목을 한 후 은퇴 를 하고 현재 유람선 지도 신부로서 유람선 사목을 하고 있다고 설명했다.

부인의 아들은 아직도 군인으로 근무하고 있다고 한다. 휴가를 얻어 유 람선 여행을 함께 하려고 했는데 사정이 여의치 않아 혼자 왔다고 하면서 무척 정다운 말투로 말했다. ⚓

알래스카에서 만난 하느님

독일계 부인 모니카 씨

　　미사 후 나와 함께 이야기를 나눈 분은 미네소타 주 수도인 세인트 폴에서 태어난 독일 계통의 '모니카'라는 부인이다. 육십에 가까운 중년 부인인데 아주 덕스러워 보이는, 키가 크고 잘 생긴 친절하고 인정 많은 어머니 같은 인상이다.

　　친정 식구들 중 4촌 5촌들이 아직도 많이 남아 있기에 몇 년에 한 번씩 독일에 간다고 한다. 한국에서 근무한 아들 때문에 2006년도 10월에 한국에도 갔다 왔는데 한국의 가을 풍경이 너무나 아름다웠다고 한국 방문을 자랑스러워 했다. 한국말을 몇 마디 배웠다면서 '감사합니다', '안녕하십니까', '제 이름은 모니카예요', 하는데 귀여운 행동 덕분에 무척 호감이 가는 부인이다.

　　베를린에서 서남쪽으로 차를 몰고 약 3시간 정도 가면 Wittenberg라는 아름다운 작은 도시가 있는데 부모님은 그 도시에서 태어났다고 한다. 부모님이 결혼하자마자 미국으로 이민을 와서 뉴욕에서 2~3년 살다가 부

모님이 광산업을 하기 위해 미네소타로 이주했다고 한다. 자기는 미네소
타 주 수도인 세인트 폴에서 태어났으며 부모님은 벌써 돌아가셨지만 자
기들은 아직도 세인트 폴에서 산다고 한다.

나도 독일에 여섯 차례나 갔다 왔고 베를린에도 두 차례 다녀왔는데 한
번은 동서독이 합하기 전에 서독 뮌헨에서 열차를 타고 동베를린을 지나
서베를린으로 간 적이 있다. 두 번째 갈 때는 동서독이 통일된 후 스위스
취리히에서 열차를 타고 베를린에 가서 약 1주일간 있었다.

알래스카에서 만난 하느님

이때 베를린에서 열차를 타고 비텐베르그라는 도시에 가서 하루 종일 보낸 적이 있다. 비텐베르그에 가본 적이 있다는 이야기에 무척 반가워하는 표정을 지으며 어떻게 그곳까지 갔느냐고 묻는다.

내가 비텐베르그에 간 이유는 1507년 4월 4일 가톨릭교 성 아우구스티누스 수도회 수사 신부로 신품 받은 마르틴 루터가 종교 개혁을 시도한 진원지가 바로 그곳이기 때문이다. 그곳은 가톨릭교를 반대하는 종교 개혁 세력이 확장되면서 극렬한 반가톨릭 운동이 전개된 곳이다. 개신교 입장에서 보면 성지나 다름없는 곳이다. 그리스도를 지극히 사랑하며 그리스도를 위해 살아가는 신부이기에 가톨릭, 개신교를 떠나 안타까운 분열의 소용돌이가 휘몰아친 역사의 흔적을 보며 나름대로 반성하고 공부하기 위해 그곳을 찾았던 것이다.

모니카 부인은 종교와 역사 공부를 통해서, 무엇보다 자기 부모를 통해 많이 들었다면서 불행한 과거를 수치스럽게 여기며 그때 그 사건을 무척 안타깝게 생각한다고 한다. 그때는 독일 전체가 전쟁이 일어난 것같았다고 한다. 그리고 마르틴 루터가 주도한 종교 개혁의 신흥세력 때문에 비텐베르크 도시는 거대한 태풍의 회오리바람 중심에 있었다고 한다.

걷잡을 수 없이 소용돌이치는, 마치 종교전쟁을 방불케 할 정도로 가톨릭과 마르틴 루터가 주도한 신흥종교 세력 간의 갈등은 극에 달했다 가톨릭에 저항하여 마치 불꽃처럼 일어나는 마르틴 루터가 주도한 신흥 종교 세력의 영향으로 가톨릭만이 있던 독일, 특히 북부 독일 비텐베르그를 중심으로 한 많은 지역이 가톨릭을 등지고 신흥 종교 세력에 합세하게 된 것이다.

미사 후 모니카 부인과 이야기를 나누다 보니 벌써 9시 30분이 되었다. 모니카 부인은 신부님의 오늘 계획이 어떠한지 몰라도 시간이 있으면 신부님께 고백성사 보고 대화 나누고 싶다고 제의한다. 오전에 Juneau 시내를 혼자 구경하고 돌아올까 생각을 했는데 모니카 부인의 요청을 받아들이겠다고 약속을 했다. 그래서 오전에 Juneau 시내를 혼자 돌아다니다가 돌아오려는 계획을 포기할 수밖에 없었다. 그러면 10시 45분에 4층 소그룹 회의실에서 만나자고 일단 약속을 하고 곧장 방으로 왔다.

나는 편안한 옷차림으로 6층에 내려가 유람선 둘레를 두 바퀴 돌았다. 유람선은 Juneau 항에 정박을 하고 있지만 다른 유람선들도 정박해 있다. Juneau 항구는 매일 여러 척의 유람선들이 정박하기에 유람선에 탄 수천 명의 유람객들이 Juneau를 중심으로 해서 1~2일을 머물면서 관광을 한다. 이들 관광객들이 뿌리는 돈만 해도 하루에 수십만 달러가 된다. Juneau시의 재정은 물론이고 알래스카 주 재정, 나아가서는 미국 국가 재정에도 엄청난 기여를 하는 셈이다. 시간을 보니 10시 30분이 되었다.

모니카 부인과의 약속 시간 때문에 나는 4층 소그룹 회의실로 갔다. ☸

알래스카에서 만난 하느님

 벌써 정오

모니카 부인과의 약속 시간 때문에 유람선 둘레를 두바퀴 돌고 곧장 4층 소그룹 회의실로 갔다. 네 명의 신자들이 이미 나를 기다리고 있는데 모니카 부인이 세 명의 신자들을 더 데리고 왔다. 고백성사를 보기 위해 왔다고 한다.

그분들은 고백성사 후 신앙 이야기를 나누면 어떻겠느냐고 한 분이 제의를 한다. 나도 그렇게 하길 원한다고 동의를 하고 다섯 명이 둥글게 원을 만들어 의자에 앉아 대화를 나누기 시작했다.

모니카 부인과 함께 온 세 분 중 두 분은 뉴욕에 사는 친구들이고 나머지 한 분은 캔사스 주 캔사스 시에서 온 분인데 유람선 여행을 하면서 알게 된 친구라고 한다. 물론 모두 대대로 믿어온 가톨릭 신자들이다.

모니카 부인이 다음과 같은 질문을 한다.

"가톨릭 외에도 구원이 있느냐? 그리스도의 이름으로 생겨난 수많은 종교들이 난립하고 있는데 그들에게도 구원이 있는지 묻고 싶습니다."

세상에는 이름조차 모를 정도로 무수히 많은 종교들이 있다. 인간만이 종교를 믿는 종교적인 동물이기에 인간은 무엇을 믿어도 믿어야 한다. 인간의 마음 안에는 도저히 떨쳐버릴 수 없는, 미래를 내다볼 수 없는데 대한 불안 요인이 깊게 깔려 있다. 이러한 불안 요인은 인간 누구에게나 반드시 있는 자연현상이다. 이러한 보편적인 불안 요인이 결국 인간을 종교로 안내하는 아주 초보적인 길잡이 역할을 한다.

이러한 불안 요인을 해소하기 위한 유일한 방법은 다가올 미래를 미리 보고 인간의 불안 요인을 사전에 막아줄 수 있다고 믿어지는 대상에게 의존하는 것이다. 그 대상이 돈이 될 수도 있고 또는 주변의 산이나 바다나 우람한 나무 등이 될 수도 있다. 또는 위대한 성현에게 미래의 불안을 사전에 막아줄 수 있는 힘이 있다고 믿기도 한다.

돈의 위력을 그 어느 때보다 절감하는 현대 사람들은 돈을 모으는 데 수단과 방법을 가리지 않는다. 이러다보니 배금주의 사상, 물질주의 사상에 자신도 모르게 깊숙이 빠져 헤어날 수가 없을 정도로 심각한 수준에 와 있는 것도 사실이다. 피할 수 없는 내면적인 불안을 물질인 돈으로 해결할 수도 없음을 우리는 인생 경험을 통해 깨닫기도 한다.

인간은 행복을 끝없이 추구하는 동물이다. 그런데 그 행복이란 한순간의 행복이 아니라 계속되는 행복이다. 추구하고자 하는 행복에 대한 아무런 보장도 없이 매순간 새로운 현실이 다가오고 있다. 다가오는 현실의 순간이 행복할 지 불행할 지 전혀 모르는 상태에서 순간을 맞이해야 하므

알래스카에서 만난 하느님

로 바로 이 점이 자신을 불안하게 만드는 것이다.

동서고금을 통해 태초부터 인간의 발자취가 있는 곳에는 미래에 대한 불행을 사전에 막아보기 위해 절대적인 힘이 있다고 판단되는 사물을 향해 하늘, 바다, 거대한 고목, 웅장한 산 등등 간절한 기원을 담아 제사를 바친 흔적들이 많다. 그리고 제사를 바치는 제관들은 감사와 화해, 간청과 속죄의 마음으로 희생제물을 반드시 바쳤다. 절대능력의 힘으로 미래에 대한 불안을 사전에 막아 보려는 절박한 심정으로 여러 유형의 제사를 바쳐 왔다. 즉 태양신, 바다신 그리고 산신 등을 향해 여러 유형의 제사를 바치면 순간적이나마 심리적인 위로를 받기도 한다.

한마디로 자신을 끝없이 괴롭히는 미래에 대한 불안을 사전에 막아보려는 심리적인 기복신앙으로 인한 미신 행위가 수없이 이루어졌다. 절대존재 즉 하느님의 모습으로 인간은 창조되었다. 그러므로 하느님의 절대능력에 의존해 인간의 미래에 대한 불안요인을 사전에 제거하려는 기대는 변할 수 없는 자연현상이다. 창조주의 모습으로 창조된 인간은 창조주의 존재를 찾아 헤맨다. 그리고 자신을 마치 절대 존재인 양 착각을 하고 있는 대상에게 온갖 미신 행위를 한다.

유일무이한 절대존재인 하느님은 자신의 존재를 인간의 물리적인 조건에서도 경험할 수 있게 인간이 되셨다. 세상에 오신 분이 바로 예수 그리스도다. 천상천하 오로지 한 분이신 절대존재인 하느님이 육화하셔서 세상을 찾아오신 분이 바로 예수 그리스도인 것이다. 그 분을 믿고 따르면서 인간의 미래에 대해 변함없는 행복을 기대하는 것은 마땅한 일이다. 각자의 마음 안에 내재하는 하느님의 모습은 바로 예수 그리스도의 모습이다. 예수 그리스도는 초자연적인 무한한 능력을 통해 인간이 예수 그리스도를 유일한 하느님으로 믿고 따르도록 무수한 기적을 자유자재로 행하셨다. 그리고 생명에 찬 말씀을 주셨다.

예수 그리스도는 십자가에서 죽으심으로써 인간의 죄를 속죄하는 어린 양의 희생제물이 되셨다. 이로 인한 그리스도 부활의 영광은 예수 그리스도께서 인류를 위한 영원한 행복의 약속이다. 그리고 인류 구원을 위해 넘치도록 준비하신 구원의 공로를 당신 스스로 뽑으신 열두 제자들이 중심이 된 당신 교회에 맡겼다. ✤

# 가톨릭교회 외에도 구원이 있나?

독일 베텐베르그에서 태어난 부모님이 미국으로 이민온 후 미네소타 주 세인트 폴에서 출생한 모니카 부인은 미사 후 그 분의 다른 친구 세 분과 함께 4층 소그룹 회의실에서 아직도 내 이야기 듣기를 원한다. 나는 이야기를 계속했다.

예수 그리스도를 통해서 인간의 물리적인 조건으로서는 도저히 볼 수 없는 절대 능력을 가지신 무형의 하느님을 인간들이 볼 수 있게 되었다. 예수 그리스도는 인간이 어떻게 살아야 인간의 궁극의 관심사인 영원한 행복이라는 구원이 이루어지는지 예수 그리스도의 지상의 삶을 통해 명백하게 가르쳐 주셨다.

예수 그리스도는 직접 열두 제자를 뽑아 자신의 교회를 세웠고 이 교회를 구성하는 기초 공동체인 열두 제자들에게 세기가 끝날 때까지 인류가 구원되는 데 반드시 필요한 구원 공로를 맡겨졌다. 그리스도가 직접 세우신 구원 교회에 맡겨진 그리스도의 생명에 찬 말씀과 그리스도의 업적을,

인간이 편의에 따라 변질할 수 있는 가능성을 미리 내다보시고 변질의 위험성을 여러 차례 경고하셨다.

그리고 세기가 끝날 때까지 한 사람도 예외 없이 예수 그리스도의 구원 혜택에 힘입어 구원이 되도록 계획하셨다. 또한 그렇게 되도록 변함없이 관리하고 계신다. 예수님의 말씀을 자신의 시각에 따라 편리하게 아전인수 격으로 알아듣고자 하는 강한 유혹이 누구에게나 있다. 인류의 구세주로 그 분이 세운 구원의 공로가 조금이라도 허실되거나 변질될 수 있는 가능성에 대한 유혹을 단호히 뿌리치는 용기와 지혜, 그리고 겸손이 절실히 필요하다.

예수님의 생명에 찬 말씀과 업적을 원형 그대로 보관하고 관리하고 세기가 끝날 때까지 전수하는 데 반드시 필요한 예수님의 권위를 예수님은 열두 제자들로 구성된 교회에 맡겼다. 이천 년의 장구한 세월이 흘러도 그리스도의 말씀과 업적이 조금도 변질 또는 희석되지 않은 기본적인 이유는 주님께서 자신의 교회에 맡기신 예수 그리스도의 권위 덕분이다.

가톨릭 외에도 그리스도의 이름으로 수없이 난립한 교파들이 있다. 그들에게도 구원이 있느냐는 모니카 부인의 질문에 내가 아는 범위 안에서 답변을 하려고 한다. 솔직히 말하면 인간 개개인에 관한 구원의 열쇠는 완전히 예수 그리스도의 소관이다. 누구는 구원받고 누구는 구원받지 않았다고 자신 있게 말할 사람이 어디 있겠는가.

나의 견해로는 구원의 내용이 중요하다. 구원의 내용은 영원한 행복이

알래스카에서 만난 하느님

지만 실제 체감하는 행복의 내용은 무수히 다를 수 밖에 없다. 예수 그리스도를 정의의 하느님, 사랑의 하느님으로 알아듣는다면 모든 사람이 나름대로 그리스도 구원의 혜택에 동참하고 있다는 점이 하느님의 정의요 또한 하느님의 사랑임에 틀림없다고 나는 믿는다.

인간 구원에 대한 이같은 광의의 해석 안에는 종파를 초월한 모든 사람들이 포함되리라 생각한다. 그러나 그리스도의 열두 제자들로 구성된 초기 교회인 사도로부터 일사불란하게 전수되어 오는 교회가 예수 그리스도가 원하는 인간 구원의 첫 번째 관심사임에는 틀림없다. 그리스도의 이름으로 생겨난 수많은 서로 다른 교파에도 분명히 구원이 있겠지만 구원의 내용에서의 차이는 분명히 있으리라 믿는다.

물론 그리스도를 전혀 모르는 사람이라 할지라도 그리스도가 인류를 향한 보편적인 구원의 범위에서 완전히 벗어날 사람이 어디 있겠는가. 구원의 내용은 영원한 생명의 주체이신 예수 그리스도와 얼마나 일치하느냐에 따라 무수히 달라질 수 있다고 본다. 100% 완전한 사람이 없는 것도 분명하지만, 반대로 100% 악한 사람도 없기에 낮은 %라 할지라도 그 부분에 해당되는 주님의 정의에 알맞은 구원의 혜택이 있어야 한다는 것이 나의 견해다.

여기까지 이야기를 계속하니 이야기를 듣고 있던 한 분이 신부님의 말씀에 자기도 전적으로 동의한다고 맞장구를 친다. 모니카 부인을 포함한 나머지 두 분도 기뻐하는 표정이다. "신부님의 말씀을 들으니 평소에 궁금하게 생각했던 문제가 해결 되네요."

합 분이 한 가지만 더 묻겠다고 하면서 질문을 한다. 시간을 보니 11시 30분이나 되었다. 어쩔 수 없이 한 가지 질문만 더 받기로 했다.

"지상 생활을 통해 보여주신 예수님은 분명히 하느님이시고 또한 사랑 이신데 세상을 보면 너무나 불공평한 사례들이 많습니다. 착하고 정직하 게 일하는 사람들은 오히려 못 살고 많은 고통을 겪는 것 같습니다. 그런 데 반해, 남을 속이고 고도의 머리를 쓰면서 협잡하고 사기를 일삼는 사 람들은 잘 사는 예가 너무나 많습니다. 전지전능하신 하느님이 이러한 만 성적인 사회 부조리를 묵인하고 계시는 것 같아 정말 안타깝습니다. 신부 님은 어떻게 생각 하십니까?" 하는 질문이다. ✿

알래스카에서 만난 하느님

 질문과 답변

방금 질문한 내용은 사제 생활을 하면서 자주 듣는 질문이다. 현재 일어나는 세상의 일들을 평면상으로 보면 그렇게 생각할 수밖에 없을 정도로 현실 사회는 불공평하게 보이는 일들이 너무나 많이 벌어진다. 안타까운 일이며 또한 개탄해야 할 일이다.

민주주의 사회에서는 인간의 평등을 강하게 주장하지만 인간을 인간 스스로에게 맡겨두면 인간 평등이라는 구체적인 내용이 사회 어디에도 발붙일 자리가 없다고 나는 생각한다. 인간 평등하다는 것을 보장하는 법이 민주주의 국가에서는 가능하다. 민주주의 국가에서는 인간 평등사상을 헌법으로 묶어둔다.

인간 평등사상의 뿌리는 만인의 아버지인 하느님에게 있다고 본다. 정의의 왕이신 하느님 앞에서는 만인이 평등하다. 그러나 인간은 인간끼리 차별을 두는 것을 좋아한다. 평등사상이 미치는 범위는 광범위하다. 즉 권리의 평등, 기회의 평등, 표현의 평등, 자유의 평등, 교육의 평등, 언론

_ 알래스카의 광활한 자연

의 평등, 이성간의 평등 등 여러 분야에 적용된다.

평등사상이 제대로 완벽하게 적용되는 나라는 지구촌 어디에도 없지만 평등사상을 존중하고 실천하려는 나라는 많다. 미국을 비롯한 여러 민주주의 국가에서 국민의 기본적인 권리인 평등을 소중이 다루고 있다. 미국 인간의 자유가 가장 잘 보장된 나라일수록 이러한 불평등의 현상이 공개적으로 쉽게 노출된다. 개인의 재능이 자유롭게 드러나는 무한 경쟁사회에서 생겨날 수 있는 피할 수 없는 부산물일지도 모른다는 생각이 든다.

알래스카에서 만난 하느님

무한 경쟁을 통해 인간 재능이 개발되어 개인, 가정, 사회 또는 국가나 심지어는 인류 전반에 긍정적인 효과를 효과를 보여주게 된 것은 부인할 수 없는 사실이다. 반면에 인류공동체에 막중한 해악을 끼친 부정적인 측면 또한 간과할 수 없을 것이다. 윤리적인 측면에서 서로 상반되는 잠재적 재능의 경향을 효과적으로 잘 조화시켜 보다 나은 사회를 만드는 데 활용하기 위해 필요한 것은 역시 교육이다. 인간성 개발을 위해 먼 훗날을 내다보는 국민 교육의 효과적인 정책이 절대로 필요하다.

하느님은 인간 개개인의 상황을 잘 알고 계신다. 차안의 세계인 현실 세계뿐만이 아니라 현실 세계 저편에 펼쳐지는 피안의 세계를 동시에 염두에 둔다면 현실의 부조리를 마냥 비관적으로 안타까워 할 수만은 없지 않겠는가. 예수 그리스도의 복음 말씀이 보관된 교회의 가르침에 따라 각자 능력에 맞는 인성 교육을 스스로 펼쳐 나간다면 인간사회의 부조리가 점차 줄어들 수 있으리라 믿는다.

이와 같이 인성교육에 바친 노력에 따르는 보상이 있다면 그건 바로 예수 그리스도가 약속하신 인간 구원, 즉 영원한 행복일 것이다. 각자가 얻어내는 영원한 행복, 즉 구원은 주님의 말씀에 따라 살면서 닦아온 공로가 바탕이 된다라고 생각한다.

현재 헤어날 수 없는 고통 속에서 삶의 의욕을 상실하고 마지못해 살아가는 분들에게는 위로가 될 수 없는 이야기일 수도 있다. 그러나 피할 수 없는 현실을 자기개발에 초점을 맞추어 받아들인다면 전화위복의 기회가 반드시 올 것이다.

중요한 것은 그리스도를 믿는 사람들이 우선 앞장서서 예수 그리스도의 말씀에 따라 스스로 자기성화를 위해 노력한다면 점차적으로 사회에 변화의 바람이 일지 않겠는가. 그리고 동시에 국가적인 차원에서 국민의 인성교육을 체계적으로 시행한다면 언젠가는 여러분이 기대하는 건전한 사회가 되는 날이 오리라 생각한다.

종교와 정치는 분리되는 것이 마땅하지만 인성교육에 가장 효과적인 교육 자료가 있다면 나는 당연히 성경을 꼽겠다. 어떠한 종교에 속하든 인성교육에 필요한 효과적인 내용이 성경에 있다면 성경을 수용하는 데 종파나 계파를 따져야 할 필요가 있겠는가.

민주주의가 안고 있는 허약한 약점이 있다면 국민의 지지도를 너무나 지나치게 의식하는 점이다.

악화가 양화를 구축한다는 그레샴의 법칙처럼 국민적 인성교육에 객관적으로 분명히 승산이 있는 정책도 일부 국민의 불건전한 여론몰이에 부대껴 포기해야 하는 경우는 참으로 안타까운 일이다. ✿

알래스카에서 만난 하느님

갑작스런 환자 방문

이분들이 성의껏 나의 이야기를 들어준 덕분에 나도 시간 가는 줄 모르고 이야기를 한 것 같다. 시간을 보니 이미 1시경이 되었다. 우리들은 대화를 마치고 서로 헤어졌다.

어차피 점심을 먹어야 하기에 일단은 내 방을 거쳐 10층 뷔페식당으로 갔다. 뷔페식당은 언제나 사람들로 북적거린다. 식성 좋은 사람들은 점심을 두 번 세 번씩 먹는 셈이다. 새벽같이 일찍 일어나서 아침 식사를 6시경에 했고 역시 유람선 주변을 두 바퀴나 걷고 미사를 봉헌한 후 교우 자매들과 거의 두 시간 가까이 이야기를 나누다 보니 시장한 것이 당연하다.

나는 하루 세 끼 외에는 중간에 간식을 먹지 않는 습관도 오래되기 때문에 식사 때가 가까워지면 몸 체질에 익숙해진 습관이 식사 시간을 정확하게 알려준다. 뷔페식당에 가서 점심을 먹고 Juneau 시내를 혼자서 이리저리 몇 시간 다녀볼 생각으로 방에 와서 편리한 옷을 입고 카메라를 가지고 유람선 밖으로 나가기 위해 방을 나가려는 찰나, 전화벨이 울린

다. 수화기를 들었다.

자기와 같은 방을 사용하는 친구가 허리가 아프고 기분이 너무나 우울
하고 식사도 잘하지 못하고 침대에 누워 있는데 신부님이 잠깐 와서 기도
해 주시길 바란다면서 문병을 할 수 있는지 문의하기 위해 전화를 했다고
한다. 내 방 번호를 유람선 접수처로 연락을 해서 알았다고 하면서 가능
하면 와 주시면 좋겠고 환자가 신부님의 기도를 원하고 있다고 한다.

나는 그간에 유람선 지도 신부로 유람선을 몇 차례나 탔지만 이러한 경우는 처음 있는 일이다. 방이 어디 있느냐고 물으니 8층인데 신부님이 오시겠다고 하면 자기가 모시러 가겠다고 한다. 매일 미사를 드리는 것이 유람선 사목에서 제일 중요한 일이다. 그리고 병자가 생긴다든가, 결혼 갱신을 원하는 경우가 있다든가, 아니면 고백성사 또는 신앙 상담과 인생 상담을 요청하는 경우가 있으면 물론 신부가 해 주어야 한다.

고백성사와 신앙 상담은 그간에 몇 차례나 있었다. 그런데 병자 방문은 이번이 처음이다. 가겠다고 하고 방 번호를 주면 내가 찾아 가겠다고 안심하시라고 하니 방 번호를 알려주면서 가능한 한 빨리 오시길 바란다고 했다. 30분 이내로 가겠다고 약속을 하고 나는 병자성사를 드릴 준비를 하고 사제복으로 정장을 하고 가르쳐 준 방을 찾아 갔다.

방에는 다섯 명의 친구들이 모여 있다. 환자는 '소피아'라는 가톨릭 신자이고 나머지 네 명도 가톨릭 신자들인데 이 중 세 명은 미사 참례를 한두 차례 한 분들이기에 안면이 있다. 방은 유람선 8층 바다를 향해 있는 최고급 침실이다. 최고급 호텔 1등실이나 다름없는 화려한 방이다.

그간 계속 누워만 있었다고 하는 부인이 자리에서 일어나 단정한 옷차림으로 신부님을 기다리고 있다고 옆에 있는 친구들이 말한다. 나를 간단하게 소개하고 약 10분 정도 신앙 이야기를 아래와 같이 해주었다.

교회의 가르침과 성경에 보면 예수 그리스도가 3년간 공생활을 하실 때 주로 하신 일이 불치의 병으로 고생하는 수많은 병자들을 고치는 일이었다. 예수님이 하신 말씀으로 불치의 무수한 병자들이 치유되었는데 가장 중요한 열쇠는 치유 받은 병자가 예수님을 전지전능하신 하느님으로 믿는 강한 신앙이었다.

병자를 고치신 후에 예수님은 반드시 너의 병이 나은 것은 바로 너의 강한 신앙 덕분이라고 언급하셨다. 신앙이 예수님과 일치하는 유일한 도구나 다름없다. 예수님과 일치가 되는 연결 고리가 바로 신앙이기에 신앙을 통해서 예수님의 능력이 환자에게 유입된 것이다. 신앙의 내용은 전지전능하신 창조주이시고 인간 구원을 위해 십자가에서 죽으시고 사흘만에 부활하신 예수 그리스도를 하느님으로 믿는 것이다.

성경을 보면 예수 그리스도는 인간의 능력으로서는 불가능한 기적을 무수히 행하시면서 자신이 바로 하느님이라는 사실을 입증하셨다.

"소피아 씨, 지금 말씀드린 나의 이야기가 무엇을 의미하는지 알아들었겠지요? 예수님의 능력을 분명히 믿으시고, 본인이 현재 고통을 겪는 허리와 본인이 느끼는 우울한 기분이 주님 능력으로 분명히 치유된다는 확신을 가지세요. 주님은 본인의 현재 고통을 분명히 해결해 주실 것입니다." 그리고서는 병자성사 때 사용하는 성유를 이마에 바르면서 기도를 바쳤다.

"분명히 좋은 효과가 있을 것입니다."

성가를 한 곡 함께 부르고 방을 나왔다. 시간을 보니 오후 3시경이 되었다. 나는 즉시 방으로 와서 두터운 잠바를 입고 Juneau 시를 혼자 거닐려고 밖으로 나갔다. ☸

 Juneau 시를 걷다

늦어도 6시까지는 유람선으로 돌아와야 한다. Juneau에 있는 유람선이 정박해 있는 부두에 내가 탄 Holland America Line 소속 Statendam 유람선뿐만이 아니라 Norwegian Cruise Line 회사 배와 Royal Caribbean 유람선을 위시해 세 척의 거대한 유람선들이 정박해 있다.

매일 여러 회사의 유람선들이 알래스카의 수도인 Juneau에서 하루나 이틀씩 묵으면서 정박하해 있으므로 이들 관광객들이 뿌리는 돈만 해도 엄청난 액수다. 알래스카가 미국 땅의 한 주가 되어 있기에 유람선을 유치하는 데 절대적으로 필요한 항만시설이 잘 되어 있다. Juneau 시내에는 구석구석 관광 상품을 판매하는 상점들이 즐비하게 늘어서 있고, 시내 골목골목은 관광객들로 넘쳐흐른다.

골목을 메우는 관광객들은 저마다 선물 보따리를 한두 개씩 들고 유람선으로 들어갈 준비를 한다. 두고 온 가족들 손자 손녀들에게 주는 선물을 사느라 이 상점 저 상점을 찾아다니며 선물을 고르느라 발길이 바쁘

_ 알래스카 케치켄 항구도시의 전경

다. 나는 별다른 목적 없이 이 골목 저 골목을 발길 가는대로 걸었다.

한 상점을 지나다 보니 상점 안 구석에 사람들이 줄을 서서 자기 차례를 기다리고 있다. 호기심에 가까이 가보니 알래스카 왕게King Crab를 쪄서 파는 곳이다. 나도 줄을 서서 약 5분쯤 기다리다가 차례가 와 편의 식탁에 앉았다. 조금 있으니 직원이 와서 주문을 받는다. 게 한 마리, 게 반 마리 또는 게의 큰 다리 등을 나누어서 팔고 있다. 게 반 마리는 20불이라고 한다. 나는 게를 반 마리 주문했다.

알래스카에서 만난 하느님

조금 있으니 주문한 게와 양념 소스가 나온다. 양념 소스는 올리브기름에다 소금과 후추를 넣어서 만들었다. 게를 좋아하지만 두꺼운 껍질 안에 든 게살을 파먹어야 하니 귀찮아서 게 먹기를 싫어하는 편이다. 두터운 게 껍질을 터트리는 집게와 껍질 속에 있는 살을 파먹는 작은 송곳을 가져다 주고 동시에 손을 닦으라고 휴지를 여러 장 가져다준다.

간이 알맞게 밴 찐 게 껍질 안에 살이 가득 차 있어서 맛있게 먹고 나니 저녁을 먹은 것 같이 배가 부르다. 오래간만에 게를 양껏 먹었다.

시간을 보니 5시 10분이다. 서둘러 유람선으로 들어가려고 자리에서 일어서는데 누가 뒤에서 "신부님" 하고 부르는 소리가 들렸다. 돌아보니 몇 시간 전에 '소피아' 라는 부인이 몸이 불편하다는 전화를 받고 문병을 갔을 때 그 방에 함께 있던 다섯 명 중 'Juan'이라는 부인이 내 이름을 부르면서 반가워한다. 양손에는 물건이 든 큰 비닐봉지를 들고 유람선 안으로 들어갈 준비를 하고 있다고 하면서 자기도 큰 게의 반을 먹었는데 너무나 맛있게 먹었다고 자랑을 한다.

그리고 기쁜 소식을 전한다. 몇 시간 전 신부님께서 몸이 불편한 자기 친구 소피아를 찾아와 기도해 주시고 병자성사를 주고 가신 후 불과 20분도 채 못 되어 상태가 많이 좋아졌기에 신부님 방으로 전화를 해서 좋아진 소식을 전화기에 녹음을 해두었단다. 주님이 하시는 일은 놀랍기만 하며 기도해주셔서 고맙다고 하며 인사를 한다.

"병자를 방문해 기도를 바치고 병자성사를 주고 Juneau 시내에 나왔기에 나도 마음으로는 환자의 병세가 어떤지 궁금 했는데 자매님으로부터 기쁜 소식을 듣고 나니 정말 주님께 감사드려야 할 일이군요. 소식을 전해 준 Juan 자매님, 감사합니다. 친구를 만나게 되면 기도 가운데 여전히 기억하겠다고 전해 주세요."

그리고 그 자매님이 양손에 든 큰 비닐봉지 하나를 유람선까지 들어드리겠다고 하면서 내가 들었다. 무엇이 들었는지 봉지가 꽤 무겁다. 유람선에 가까이 오니 사람들이 두 줄로 유람에 입장을 하기 위해 길게 늘어서 있다. 나를 제외하고는 모두 선물 비닐봉지를 두세 개씩 들고 있다. 유람선에 입장할 때도 사람들이 검색대를 통과해야 하지만 유람선으로 가지고 들어가는 모든 물건들 역시 검색대를 거쳐야 한다.

유람선에 들어와 방으로 돌아오니 오후 5시 45분이다. 나는 Juneau 시내를 2시간 정도 걸었지만 매일 유람선 주변을 빠른 속도로 걷는 습관 때문에 다시 6층으로 내려갔다. 유람선 밖으로 나갔던 사람들아 모두 유람선 안으로 들어온 것 같다. 유람선은 떠날 준비로 항구 부두에 고정시킨 여러 개의 굵은 밧줄을 풀고 산더미같이 육중한 덩치를 서서히 움직이기 시작한다. ☸

정식 Dinner

유람선을 부두에 고정시킨 여러 개의 밧줄을 풀고 배는 서서히 Juneau 항을 떠나고 있다. 유람선은 주로 밤새워 항해를 해서 새벽녘에 목적지인 다음 항구에 정박을한다. 유람선에 승선해 있는 대부분의 사람들은 관광 프로그램에 따라 온종일 관광을 한다. 개인적으로 또는 가족 단위로 시내 관광을 할 수도 있다. 유람선이 내일 이른 아침 정박할 항구는 Sitka다.

알래스카 날씨는 너무나 변덕이 심해 하루에도 몇 차례나 비가 오기도 하고, 햇빛이 나기도 하고, 강한 바람이 불기도 한다. 변화무쌍한 날씨에 대비하기 위해 우산을 꼭 챙기는 것이 좋다. 유람선 6층 주변을 걷는데 갑자기 시커먼 먹장 구름이 알래스카의 아름다운 저녁노을을 진한 검정색으로 도배하고 있다. 돌멩이 같은 우박이 사정없이 쏟아진다. 다행히 웃옷은 방수가 되는 옷을 입고 우산을 가지고 나온 터다. 우산을 쓰고 앞만 보며 계속 걸었다.

_ 필자가 매일 걷던 갑판 위에서

우산이 몇 차례나 뒤집어지고 사람도 날려갈 듯이 강한 바람이 몰아친다. 돌멩이 같은 우박이 강풍에 이리저리 날리고 얼굴에 느껴지는 체감온도는 영하 10도를 넘을 정도로 매섭다. 유람선 주변을 여섯 바퀴 돌 때부터 바람의 세력이 점점 약해지고 우박 대신 비가 오기 시작한다. 내가 여덟 바퀴를 돌 때까지 계속 비가 오고 구름은 여전히 알래스카 하늘을 새카맣게 뒤덮고 있었다.

바람은 많이 누그러졌지만 기온은 여전히 차갑다. 유람선은 바람도 기온도 구름도 아랑곳하지 않고 우직하게 한눈 팔지 않고 빠른 속도로 달린다. 유람선 6층 갑판 둘레를 걷는 사람은 나 외에는 한 사람도 없다. 나는 외로움도 잊은 채 계속 걸었다. 언제나 그러하듯이 나는 주님과 시간을 함께 하는 신부이기에 어떠한 환경에 처하더라도 외로움을 별로 느끼지 못한다. 혼자 다 보면 주님과 대화를 더 많이 나눌 수 있으므로 나로서는 더욱 반가운 일이다.

하느님의 오묘한 진리를 내 작은 머리로 파악한다는 것은 불가능한 일이다. 그렇다고 해서 주님의 깊고 심오한 신비를 내가 더 많이 알려고 안달을 부릴 필요도 없다. 나는 그 분이 곁에 함께 계셔주시는 것만으로도 더 이상 바랄 것이 없다. 자연 안에서 드러나는 주님의 갖가지 작품들이 보여주는 현상에 감탄하고 경외하려는 깊이 감격하는 것만으로도 나는 행복하다. 더 이상 바랄 것이 없다.

여덟 바퀴를 돌고 맨손체조를 하고 방에 샤워를 하고 나니 기분이 상쾌하다. 시간을 보니 8시 30분경이 되었기에 4층 식당으로 갔다. 식당 입구는 입장을 위해 많은 사람들로 붐비고 있다. 물론 대형 식당이 두 개나 있다. 그러나 식사할 인원이 워낙 많기에 식사 시간이 5시부터 시작며 3부제로 운영되고 있다. 물론 뷔페식당은 온종일 밤늦게까지 문을 열기에 언제 가더라도 식사를 할 수가 있다. 일반적으로 저녁식사는 고급 식당에서 정식 디너를 하길 원한다.

유람선 내에서는 어디를 가나 유람객들이 우선이다. 나도 길게 늘어진 줄 뒤에 서서 차례를 기다렸다. 식당을 안내하는 승무원이 나에게 가까이 오더니 신부님 자리를 따로 마련했으니 자기를 따라오라고 한다. 따라가니 다섯 명이 앉는 식탁으로 나를 안내한다. 네 명은 이미 자리를 차지한 채 포도주를 마시고 있다.

나는 정중하게 정 안토니오 신부이며 유람선 지도 신부라고 간단하게 소개하고 자리에 앉았다. 천주교 신부님이냐고 물으면서 친절한 표정으로 나를 환영한다.

웨이트리스들이 와서 주문을 받는다. 탄산 음료수와 찐 새우와 주식으로는 6온스 스테이크와 구운 감자와 삶은 시금치를 시키고 후식으로는 카페인 없는 커피와 사과를 하나 주문했다. 순서대로 나오는 주문한 음식을 먹으면서 함께 앉은 분들과 이야기를 주고받았다.

한 분이 나를 쳐다보더니 신부님이 안면이 있는 분 같아 보이는데 2006년 7월 Millenium 유람선을 타고 이탈리아 베니스에서 스페인 바르셀로나까지 간 적이 있느냐고 묻는다. 나는 2006년도 6월 26일(금)부터 6월 7일(수)까지 약 2주 동안 Millenium 유람선을 타고 베니스에서 바르셀로나까지 유람선 지도 신부로 갔다 온 적이 있다고 했다. 내 말을 들은 그 분은 자기도 그 유람선에서 신부님을 본 기억이 난다고 한다. 그리고 신부님 미사에 참석한 적이 있다면서 무척 반가워했다. ⚓

알래스카에서 만난 하느님

이태리계 부인과의 대화

다섯 명이 앉은 식탁에서 프랑스 계 부부는 캐나다 동부 프랑스계 사람들이 많이 사는 퀘벡에서 왔다고 했다. 이들 부부는 영어는 물론 프랑스어도 유창하게 하는 것 같다. 한 분은 이탈리아 계통의 '사라' 라는 부인인데 애리조나주 피닉스 도시에서 왔다고 한다.

사라 부인은 2006년 7월 Celebrity 회사 소속 Millenium이라는 유람선을 타고 베니스에서 바르셀로나까지 2주 코스를 여행했을 때 정 신부님을 보았고 역시 유람선 미사를 참석한 적이 있었다면서 무척 반가워한다. 그래서 이탈리아어로 인사를 건네면서 어디서 태어났고 이탈리아는 언제 갔다 왔느냐고 물으니 유창한 이탈리아어로 대답한다.

다른 한 명은 미국 뉴욕 시에서 온 '아가다' 라는 부인이다. 이들 네 명 모두 유람선 두세 번씩 타본 경험이 있는 분들이다. 이탈리아 계 사라 부인과는 이탈리아어로 대화를 나누었다. 자기 부모님은 이탈리아 토스카나 주 피사 시에서 미국으로 이민을 왔으며 아직도 가까운 친척들이 이탈

_ 유람선

리아 Pisa에 살고 있어서이탈리아에 자주 간다고 한다.

　부모님은 매년 이탈리아에서 여름 한철을 보내며 2006년 7월 베니스에서 출발한 Millenium 유람선이 바르셀로나까지 갈 때에도 자기 부모님과 함께 갔으며 신부님 미사에 함께 참석했다고 한다. 피사 대교구에 속한 친구 이탈리아 신부님이 교구 내 큰 본당을 가지고 사목을 할 때 나는 피사에 자주 갔다. 2006년 7월 Millenium 유람선이 이탈리아 피사 근처에 있는 Livorno 항구에 정박했을 때에도 친구 신부님이 살던 성당에 찾아

　　　알래스카에서 만난 하느님

가 점심을 잘 대접받은 적이 있었다.

자기도 그때 부모님들과 함께 피사에 가서 사촌언니들이 자기네들을 식당으로 초대해서 함께 점심을 대접 받았다고 자랑한다. 세계 도처에서 몰려든 관광객들에게 가장 인기가 있는 불가사의한 피사의 명물은 역시 피사 대주교좌 성당의 종탑^{피사의 사탑}이고 피사 대주교좌 성당과 세례당 등이다. 작은 피사 시 안에는 아름다운 성당들이 무려 스물한 개나 있다. 피사의 사탑^{주교좌성당의 종탑}은 1173년에 착공하여 200년 후인 1372년에 완공한 탑이다. 탑의 높이는 58.36m이며 종탑의 무게는 1만 4453t인데 5.5도나 기울어져 있는 기적의 탑이다. 종탑 내부에서 탑 정상까지 올라 가는 데 나선형으로 된 돌계단이 294개이며 종탑 위에는 서로 다른 소리를 내는 일곱 개의 대형 종이 있다.

근대 물리학의 기초를 닦은 위대한 물리학자이며 피사의 종탑 위에서 지구의 중력을 시험했고 우주의 중심은 지구가 아니고 태양이라고 주장한 물리학자인 갈릴레오^{1564. 2. 15~1642 . 1. 8}도 이곳에서 태어났다.

사라 부인과 이탈리아어로 대화를 나누니 마치 고향 사람을 만난 것만 같았다. 왜냐하면 이탈리아 피사에는 유난히 많이 간 곳이고, 친구 신부님 가족과 함께 여행을 자주 마치 제2의 고향처럼 느껴지기 때문이다. 사라 부인의 부모님이 이탈리아 피사에서 미국으로 이민을 왔고, 또한 피사에 여러 차례 갔다 왔기에 우리는 대화가 잘 통했다.

오래간만에 이탈리아 말을 많이 할 수 있는 기회를 얻게 되어 마음이 뿌듯했다. 이탈리아어가 영어보다 쉽게 느껴지는 이유는 예외가 있긴 하지만 대부분의 단어들이 발음 기호 없이 단어를 연결시켜 소리를 내면 되기 때문이다.

11시가 되었는데도 식당 여기저기서 웃음꽃을 피우며 즐거운 시간을 보내고 있다. 나는 양해를 구 하고 자리에서 일어났다. 그분들도 모두 일어나면서 내일 저녁 식사도 함께 했으면 좋겠다고 말한다.

나는 곧장 컴퓨터 방으로 갔다. 밤 11시가 넘었는데도 컴퓨터실은 사람들로 붐비고 있다. 가족들에게 이메일을 보내기도 하고 이메일이 왔는지 확인도 하며, 어떤 사람들은 컴퓨터 게임을 하기도 한다.

몇 분을 기다렸다가 차례가 되어 메일함을 열어보니 내가 사는 사제관 신부님들 중 두 분이 내게 안부의 이메일을 보냈다. 나도 즉시 유람선 지도 신부로 보람 있는 유람선 사목을 하고 있다고 답변을 보내고 그 외 몇 군데 이메일을 보낸 후 곧장 방으로 왔다. 그런데 전화기에 빨간 불이 깜박거린다. 전화 내용인 즉 내일은 Sitka 항구 시내 관광이 가능하니 아침 9시 30분까지 4층 대형 극장으로 나오라는 메시지가 남겨 있다.

내일은 아침 8시에 미사를 봉헌해야 한다. ☸

알래스카 유람선 지도 신부

네 번째 이야기

PRAYER IN ALASKA

_ 알래스카 해안을 낀 아름다운 섬들

# Sitka 항구 시내 관광

　　유람선 MS Westerdam은 밤새워 항해를 계속해 이른 새벽녘 Sitka 항구에 정박했다. 유람선 같은 대형 배가 항구에 바로 접안하는 항만시설이 Sitka 부두에는 없기에 유람선은 항구에서 약간 떨어진 바다 위에 정박을 하고 유람선에서 항구 Sitka까지는 유람선이 가지고 다니는 소형배로 유람객들을 실어 나른다.

　　오늘도 미사 시간은 8시이다. 이른 아침 6시경 9층 뷔페식당에서 아침을 먹고 미사를 준비하기 위해 4층 소형극장으로 갔다. 유람선 내에는 미사를 드리는 고정된 소성당이 없기에 수시로 바뀌지만 미사 드릴 경본을 비롯해서 미사 드릴 모든 도구는 유람선 내에 이미 비치되어 있다.

　　미사 준비도 승무원 중 한 명이 고정 배치되어 미사 준비와 미사 후 정돈을 책임 맡고 있다. 8시 미사 후 관광을 포기하고 오늘은 방에서 쉬려고 생각했는데 마침 햇빛이 나고 모처럼 바람이 없는 날씨인데다 Sitka 도시를 벗어나 멀리 나가는 것이 아니고 시내 관광을 하는 날이기에 생각을 바꾸었다.

유람선이 주선하는 옵션에 따라 관광을 하는 분들은 Queen 라운지에 9시 15분까지 집결해야 한다. 물론 유람선에서 주선하는 관광 옵션들은 내용과 시간과 가격이 현저하게 다르다. 관광시간도 열 시간에서 심지어는 두 시간 걸리는 관광이 있고 가격도 50불에서 400불, 또는 500불이나 되는 관광 상품들이 있다. 시간과 가격에 따라서 관광의 내용도 다른 여러 종류의 관광 상품들을 유람객들에게 판매한다.

유람선 지도 신부의 경우에는 본인이 희망하는 관광 상품에 신청자 수가 부족해서 자리가 생기면 무료표가 나오고 유람선 지도 신부가 관광 상품을 일반 관광객들처럼 구입하면 관광표 가격의 절반을 할인해 준다. 여러 차례 유람선 사목을 해 왔지만 한 번도 유람 관광 상품을 돈으로 사본 적이 없이 무료표가 나와서 알래스카에서만 체험할 수 있는 모험이 뒤따르는 관광도 여러 차례나 해보았다.

Sitka는 인구 8,986명2005년 인구 조사이 사는, 알래스카 주에서는 네 번째로 인구가 많은 도시이며 기온은 연중 8월에 평균 최고기온이 화씨 62도섭씨 17도이며 최저기온은 1월에 평균 화씨 30도섭씨 -1도다. 강우량은 연평균 86inch2,200mm이고 연평균 적설량은 39인치990mm이다. 일년 내내 얼어붙은 쓸모없는 소련 땅 알래스카를 소련의 재정난으로 인해 미 국무장관 William Seward의 주선으로 1867년 4월 9일 당시 7백 2십만 불을 주고 미국 정부가 매입했다.

1867년 10월 18일 알래스카 땅에 소련기가 공식적으로 내려지고 미국의 성조기가 정식으로 알래스카 땅에 계양된 이날이 알래스카의 날로 제정되었다. 미국은 알래스카를 매입한 후 알래스카를 개발하기 시작했다. 얼어붙은 쓸모없는 불모지 알래스카가 금과 석유를 비롯한 지하자원이 무한정으로 매장되어 있고 관광자원을 비롯한 경제적 효과뿐만이 아니라 전략적인 군사기지로서도 대단히 중요한 가치 있는 땅으로 변했다.

마치 프라이팬 손잡이처럼 생긴 알래스카 서해안 도시들을 관광도시로 개발하여 전 세계에서 매일 알래스카를 찾는 관광객들로 혼잡을 이루는 관광도시들 중 하나가 Sitka이다. Sitka 시내 관광을 위한 사람들도 Queen 라운지에 모였다.

9시 30분에 유람선에서 소형 배를 타고 Sitka 해안에 도착하니 시내 관광을 하려는 많은 사람들이 모여 있다. 안내원의 안내로 50명으로 몇 조를 나누어 Bus에 올랐다. 첫 번째 시내 관광명소는 러시아 정교인 성 마이클 주교좌성당이다. 오늘 우리들이 관광하는 Sitka를 비롯해서 알래스카의 여러 도시에는 러시아 정교가 널리 퍼져 있다.

1844년에서 1848년 사이에 세워진 러시아 정교 성 마이클 주교좌성당은 북미대륙에서 19세기 러시아 문화의 영향을 많이 받은 대표적인 성당 건물이다. 1840년에서 1872년까지 Sitka는 전 북미대륙을 관할하는 러시아 정교 교구로서의 중심지가 되었고 그 후부터 계속 알래스카의 러시아 정교 교구의 자리를 유지하고 있다. 현재 교회는 1966년 1월에 발생한 화

재로 전소되었다가 원형 그대로 다시 건축한 건물이다. 러시아 정교 주교
좌성당인 성 마이클 성당을 둘러보고 다음은 Sitka의 역사적인 박물관을
찾아갔다.

　Sitka 도시 중심에 위치한 박물관은 원주민인 Tlingit족들과 유럽 탐험
가들, 그리고 러시아 시대와 그 이후의 역사적인 유물들이 주로 Sitka 도
시의 변천에 초점을 맞추어 수집된 자료들이다. 에스키모인들의 생활상,
유럽 탐험가들의 초기생활, 그리고 러시아의 영향을 받은 문화적인 유산
등이 소장되어 있다.

　초승달 같이 생긴 Sitka 항구를 볼 수 있도록 유리로 설계한 초현대식
극장에서 여름 음악 축제를 관람했다. 러시아 춤으로 이루어지는 공연으
로 30년 전에 구성된 여자팀으로 러시아 춤을 선보이는데 실은 러시아 여
성들은 한 명도 없다고 한다. 화려한 러시아 옷차림으로 춤을 추는데 관
중들을 매혹시키기에 충분한 수준 높은 공연이었다. ☸

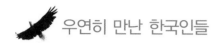
우연히 만난 한국인들

미국 서부 항구 도시 Seattle에서 2009년 7월 19일 알래스카로 출발하는 Holland America Line에 속한 MS.Westerdam 유람선의 지도 신부로 초대를 받았다. 일주일 코스의 알래스카를 향하는 MS.Westerdam 유람선에 7월 19일 오후 2시 30분경 승선했다.

이번이 세 번째로 알래스카 유람선을 타는 셈이다. 유람선에 승선한 날 2009년 7월 19일은 주일이기에 유람선 내 2층 Annex Hall에서 오후 5시 미사가 있다는 소식을 유람선 디렉터 사무실로부터 통보받았다. 2007년 6월 17일 처음 알래스카 행 유람선 MS.Statendam을 탄 이래 2008년 9월 7일(일) 두 번째 알래스카 행 유람선은 MS.Westerdam인데 이번2009년 7월 19일 세 번째 타는 유람선도 2008년에 탄 유람선과 똑 같은 Holland America Line에 속한 Ms.Westerdam 유람선이기에 유람선 지도 신부의 방은 첫 번째와 같은 침실번호 N010이다.

유람선에 탑승한 유람객 전원이 동시에 집합하는 단 한 번의 소집은 바다에서 유사시를 대비하기 위해 구명조끼를 입고 집결하는 간단한 훈련이다. 이 훈련은 유람객들이 유람선에 전원 탑승되면 즉시 실시하는 훈련이며 한 사람의 예외도 없이 전원 이 소집에 응해야 하는 의무 조항이다. 훈련 소요 시간은 30분 정도 걸린다.

구명조끼를 입고 훈련에 참가한 후 시간을 보니 4시 10분이 되었다. 5시 미사봉헌을 위해 정해진 장소인 Annex Hall에 갔는데 Hall은 작고 아담하며 무대 위에서 필리핀 청년 미카엘 승무원이 5시 미사 준비를 하고 있다. 일주일 유람 기간 동안 매일 신부님을 도와 미사를 준비하는 승무원이라고 친절하게 인사를 한다.

5시 정각에 미사를 시작하는데 미사 참례 숫자는 약 50명 정도다. 유람선 여행은 경비 문제로 누구나 쉽게 즐길 수 있는 여행이 아니기에 오늘 봉헌하는 미사는 오로지 여러분이 유람여행을 건강한 가운데 마음껏 즐기도록 미사 지향을 언급하면서 미사를 시작했다.

2006년 6월 7일(수)부터 2주간 Celebrity 유람선회사 소속 Millennium 유람선이 베니스에서 바르셀로나까지 가는 길에서 한국 분을 만난 것을 제외하고는 여러 차례 유람선 사목을 해왔지만 한국 분을 유람선에서 본 적이 없다. 유람객들 중 80% 이상이 미국 사람들이고 나머지 20% 중 15% 정도는 유럽 사람들이고 나머지 5%가 아시아 사람들이다.

2006년 베니스에서 바르셀로나로 향하는 Millennium 유람선에는 여행사를 통해 한 분의 안내양을 데리고 스물네 명의 한국 사람들이 단체로

알래스카에서 만난 하느님

한국에서 베니스까지 와서 Millennium 유람선을 탔을 때 나는 유람선 내에 한국 분들이 계시다는 사실을 알았다. 이때 스물네 명의 단체로 온 한국 분들 이외에 한국 광주에서 별도로 베니스까지 와서 Millennium 유람선을 탄 부부를 제외하고는 여러 차례 유람선을 탄 적이 있지만 한국 사람들을 본 적이 없다. 물론 한국 분들이 유람선 안에 있을지 모르지만 누가 누군지 알 수도 없고 설령 유람선 내 골목길에서 우연히 만난다 해도 다시 만난다는 보장이 전혀 없을 정도로 유람선이 원체 크고 내부구조가 너무나 복잡하기에 다시 만난다는 것은 극히 어렵다.

미사 참례한 교우들 중에 동양사람 같이 보이는 신자들이 세 명 있었지만 미사 후 그 분들은 즉시 나갔기에 만나 인사를 나눌 시간이 없었다.

그 다음날 뷔페식당에서 점심을 먹기 위해 줄을 서서 차례를 기다리는데 뒤에서 "정 신부님이냐?"고 한국말로 묻는 말이 들린다. 유람선 내에서 한국말을 들어본 적이 거의 없는데 하도 신기해서 돌아보면서 "내가 정 신부입니다" 하고 대답했다.

자기네들 일행이 식탁에 앉아 있는데 함께 가자고 권한다. 나도 너무나 반가워 음식 쟁반을 들고 따라가니 식탁에 두 분이 앉아 계시는데 한 분은 자기 부인 '아녜스'이고 자기는 '심 사무엘', 한 분은 이들 부부가 초대해서 모시고 온 부산교구 이기정 신부님이라고 소개를 한다. 이기정 신부님이 미국 버지니아 주에서 교포사목을 하실 때 심 사무엘 씨가 본당 총무로 일하면서 이 신부님을 많이 도와주셨다. 이 신부님이 안식년 휴가

기간 동안 심 사무엘 부부가 이기정 신부님을 초대해 함께 유람선을 타게 되었다고 한다.

어제 일요일 오후 5시 나의 미사에 참석했을 때 자기들은 나를 중국 신부님이라고 생각했는데 그 후 내가 한국 신부님인 줄 알게 되었다고 한다. 일 년 이상 유람선 사목에 대한 나의 기사를 사진과 함께 연재로 소개한 미주 판 가톨릭 신문을 읽었는데, 신문에 소개된 신부님의 사진과 너무나 흡사해서 물어 보았다고 한다. 유람선에서 사목을 하시는 정 신부님을 직접 만나게 되어 너무나 반갑다고 인사를 한다.

전혀 상상도 못했는데 부산에서 오신 이기정 신부님과 심 사무엘 씨 부부를 만나 나도 무척 반가웠다. 이분들은 매일 나의 미사에 참례하고 미사 후 식당에서 식사를 함께 하면서 장시간 대화를 나누고 유람선 여행 기간 동안 아주 좋은 시간을 가지게 되었다.

나는 알래스카 유람선을 탄 것이 현재까지 세 번이나 되고 금년2010 9월에 한 번 더 타면 알래스카 유람 사목은 네 번이나 타게 된다. 앞으로도 계속 유람선 사목을 하겠지만 현재까지 유람선 사목을 통해 많은 것을 배우고 많은 것을 느끼고 많은 것을 체험하도록 안배하시는 주님께 언제나 깊이 감사하게 된다. ❀

알래스카에서 만난 하느님

 Sitka 시내를 걷다

50명이 한 조가 된 우리 일행은 시내를 함께 관광했다. 관광버스는 오전 열한 시 30분에 관광객들을 실은 소형배가 접안하는 부두에까지 안내해 주었다. 이제부터는 단체 활동은 해산하고 각자가 자유롭게 자유 시간을 가지다가 오후 4시까지 유람선으로 들어가면 된다.

나는 혼자서 거리를 걷다가 아예 점심을 먹고 들어가려고 상가 옆에있는 사람들로 북적거리는 식당으로 들어갔다. 식당은 2층으로 되어 있는데 1, 2층이 모두 손님으로 초만원을 이루고 있다. 손님 전원이 유람선에서 온 것 같다.

약 20분 정도 기다린 후 겨우 자리를 배정받아 창가 식탁에 앉았다. 나는 알래스카 게살을 넣은 샌드위치와 조개 스프와 커피를 주문했다. 조금 있으니 조개 스프를 담은 큰 사발과 게살을 넣은 샌드위치를 큰 쟁반에 담고 커피와 함께 가지고 왔다. 점심을 맛있게 먹고 식당을 나와 백화점을 비롯해서 상점들을 이곳저곳 다니면서 구경하는데 가는 곳마다 인파로 북적거린다.

일 년 내내 얼어붙은 쓸모없는 불모지로 알려진 소련 국토인 알래스카가 1867년 4월 9일 미국의 국토로 매각된 뒤부터 알래스카는 세계적으로 각광 받는 관광 명소가 되었고 관광객으로 거리는 넘쳐난다. 쓸모없는 메마른 사막도 관광지, 과학기지, 군사기지, 유흥도시로 개발하면 사람들이 몰려드는 세계적인 명소가 된 것이다.

미국의 라스베이거스도 불모지인 사막을 개발해 건설한 세계적인 도박의 도시로 도박을 즐기는 사람들이 전 세계에서 몰려와 뿌리는 돈으로 도시는 흥청거린다. 국토의 효율성을 극대화시켜 국토의 균형발전을 이루고 있는 미국을 따라 잡을 나라는 세계에 없을 것 같다.

위정자가 되겠다는 꿈을 둔 사람은 첫째로 정직을 생명으로 알아야 한다. 둘째로 국가와 국민을 위해 언제든지 생명을 바칠 각오를 가진 애국자여야 한다. 셋째는 국민의 복지향상이 자신의 이해관계보다 항상 우선이 되어야 한다. 넷째는 먼 훗날까지 내다보는 지혜와 통찰력 내지는 해박한 지식이 있어야 한다. 다섯째는 불의를 보고 의연히 맞설 수 있는 용기가 있어야 한다. 여섯째는 국민을 섬기고 국민을 받드는 충실한 종이 되겠다는 겸손이 있어야 한다. 일곱째는 세상의 부귀영화에 연연하지 말아야 한다. 여덟째는 높은 도덕성과 신의, 그리고 국내외 문제를 풀어가는 외교적인 안목이 있어야 한다. 아홉째는 뛰어난 지도력이 있어야 한다.

나는 Sitka 도시를 거닐면서 이상과 같은 생각을 해보았다. 아무렇게나 쓸모없이 버림받은 알래스카 땅의 소유주가 옳은 주인으로 교체됨에 따라 불모의 땅이 활력이 넘치는 생명의 땅으로 변화된 것은 미국을 지도해 온 위정자들이 위에 언급한 아홉 가지 갖추어야 할 덕목들을 갖춘 정치인들이었구나 하는 생각을 하면서 걷다보니 3시 30분이나 되었다.

유람선에 들어가야 할 시간이 오후 4시이기에 나는 좀 더 걷고 싶었지만 어쩔 수 없이 유람선의 소형배가 접안하는 부두로 갔다. 유람선에 들어갈 시간이 되어서 그런지 소형배를 타려는 사람들로 북적거리는데 매일 미사에 참례하는 교우들도 많이 눈에 띈다.

유람선에 돌아오니 거의 4시가 되었다. 같은 유람선 안에서 며칠을 함께 지내다 보니 유람선 내 유람객들이 마치 가족처럼 느껴지고 유람선은 마치 집처럼 느껴진다. 무엇보다 유람선 밖을 관광하고 유람선 안으로 들어올 때 느끼는 기분은 유람선이 마치 각자의 집처럼 느껴지는 것이 나뿐만 아니라 다른 사람들도 그렇다고 한다.

오늘은 Sitka 시내를 많이 걸었지만 역시 유람선 둘레를 걸어야 되겠다는 생각으로 옷을 바꾸어 입으려고 잠시 방에 들어갔다. 나의 전화기에 빨간 불이 깜박거린다. 녹음된 메시지를 들어보니 신부님을 모시고 저녁식사를 함께 하고 싶다는 내용이다. 장소는 대중식당이 아니고 가족이나 가까운 친한 친구 아니면 특별히 대접을 하고 싶은 사람들을 초대해서 저녁식사를 하는 장소다. 조용한 장소이며 피아노 또는 두세 명의 사람들이 악기를 연주하는 격조 높은 자리다. 장소 예약을 미리 해야 한다.

오늘 저녁은 8시 30분인데 5시까지 연락을 해달라는 부탁과 동시에 방 번호를 남겨두었다. 일단 걷기 전에 먼저 전화를 해야겠다고 생각하고 녹음된 방 번호로 전화를 했다.

어느 부인이 내 전화를 받는다. 방에는 여러 사람들이 떠드는 소리가 전화기로 들린다. 신부님이냐고 반갑게 전화를 받으면서 우리 가족끼리 저녁을 먹으려 하는데 신부님을 초대하고 싶다고 말한다. 자기들은 가톨릭 신자는 아니지만 신부님의 미사에도 한 차례 참석했다고 하면서 가족들끼리 마련한 저녁식사에 신부님과 함께 저녁을 하고 싶어서 전화를 했다고 한다. 일단 8시 30분까지 지정된 장소로 가겠다고 하고 곧장 유람선 둘레를 걸으러 나갔다. ☸

알래스카에서 만난 하느님

초대받은 특별 저녁식사

나는 6층으로 내려가 유람선 둘레를 걷기 시작했다. 유람선은 이미 Sitka를 출발해 다음 목적지를 향해 힘차게 달리고 있다. 계속되는 항해로 유람선은 피곤에 지쳤지만 항구마다 장시간 깊은 휴식을 취하기 때문에 새로운 항구를 향한 출발은 매우 힘차 보인다.

이미 Sitka항을 완전히 벗어난 유람선은 거침없이 달릴 길을 달리고 있다. 나는 유람선 둘레를 여섯 바퀴 돌고 맨손체조를 했다. 육지에서 걷는 기분과는 확실히 다른 점이 많다. 유람선 양쪽 가장자리는 넓게 트인 푸른 바다, 드문드문 보이는 울창한 나무가 빽빽이 들어선 섬들, 저 멀리 보이는 빙산들, 아름다운 석양노을, 그리고 해수면을 스치면서 불어오는 바닷바람 등 모든 분위기가 나를 매혹하는 요소들이다.

하느님의 창조능력은 지구촌 어디를 가든 쉽게 나의 생각 안으로 스며들지만 알래스카의 자연으로부터 하느님 생명의 기를 마음껏 마실 수 있기에 알래스카를 내가 더 좋아하는 것 같다. 여섯 바퀴를 돌고 맨손체조

_ 예편한 육군중장 마이클씨 부부와 육사 후배 부부

를 하고 나니 시간이 거의 8시가 되었다.

급하게 방으로 가서 샤워를 하고 사제복을 입고 8시 30분에 저녁을 초대받은 장소로 갔다. 네 명이 식탁에 앉아 있는데 내가 들어가니 모두 일어나 반갑게 맞이하면서 중년에 가까운 키가 크고 외모가 잘 생긴 부인이 자기는 '스텔라'라고 소개하면서 나머지 세 명을 소개한다. 자기 옆에 있는 키가 8척이나 되어 보이고 약간 뚱뚱하게 보이는 남자는 자기 남편인 '마이클', 다른 한 부인은 '비올라'라고 부르는 자신의 친구이며 다른 젊

알래스카에서 만난 하느님

은 부인은 딸 'Juan'이라고 소개한다.

초대해 주서서 대단히 감사하다고 정중하게 인사를 하고 자리에 앉으면서 간단하게 내 소개를 했다. 자기들은 미네소타주 미니아폴리스에서 왔고 유람선 여행은 이번이 두 번째이며 유람선 여행을 좋아한다고 한다.

자기들은 어릴 때 영세를 받은 가톨릭 신자이지만 오랫동안 성당을 다니지 않아서 가톨릭 신자라 하기에는 미안해서 일반적으로 가톨릭 신자가 아니라고 자신들을 소개한다고 한다. 그리고 가족들끼리 의논해 오늘 신부님을 초대해 저녁을 먹기로 의견을 모았다고 한다. 그래서 전화를 했는데 신부님이 전화 메시지를 받고 전화를 빨리 해주서서 감사하다고 인사를 하면서 신부님의 미사에도 한 번 참석한 적이 있다고 한다.

음식을 주문하는데 나는 양고기 갈비와 구운 감자와 삶은 시금치를 주문했고 후식으로는 사과를 주문하고 식사 전 음식은 프랑스 양파 스프를 주문했다. 남자는 맥주를 즐겨 마시고 부인들은 포도주를 주문해서 마시면서 나에게 포도주를 권하는데 나는 술을 일체 못하기에 사양했다.

스텔라 부인의 친정 부모님은 남부 독일 현 교황성하가 태어난 고장에서 그리 멀지않은 곳에서 태어났다고 한다. 부모님은 성실한 가톨릭 신자였다고 하면서 현 교황성하께서 태어난 고장에서 자기 부모님이 태어났기에 무척이나 자랑스럽게 생각하고 있다고 한다.

어릴 때 영세를 받고 성당에 다녔지만 결혼한 후부터는 성당을 거의 못 다녔는데 언젠가는 가족 모두 다시 성당에 나갈 생각을 하고 있으며 기도

중에 기억해 달라고 부탁한다. 아기를 낳아 키우고 인생을 살아가면서 종교가 절실히 필요하다는 것을 느끼게 되었다고 한다. 무엇보다 자녀들에게는 종교 교육이 절실히 중요하다고 믿기에 신부님이 종교적인 이야기를 좀 해주시면 좋겠다고 제의한다.

성당에 나가는 것을 미루지 말고 유람선 여행이 끝나 집으로 돌아가면 매주일 성당에 나가시길 부탁했다. 인생을 살면서 어떻게 사는 것이 바르게 사는지 스스로 안다는 것은 어려운 일이며 무엇이 옳고 무엇이 그른지 판단하기가 너무나 힘들 때가 많다. 현대인들은 현재 유행하는 비윤리적이고 퇴폐적인 정신문화에 자신들도 모르게 깊숙이 젖어 인생의 올바른 가치관이나 윤리관 내지는 미래를 보는 세계관 자체가 절박한 위기 상황에 놓인 것 같이 보인다고 안타까워하는 표정을 지으면서 나의 이야기를 기다리는 것 같다.

성당을 매주 다니고 성경을 읽으면 자신이 어떻게 사는 것이 제대로 사는지 해답을 얻어 낼 수가 있다. 나는 유람선 사목을 통해 세계 여기저기 가는 곳마다 하느님의 현존을 많이 경험한다. 무엇보다 알래스카의 자연을 보면서 하느님의 창조 솜씨를 경험하고 묵상하면서 하느님을 체험한다는 것이 유람선의 지도 신부가 된 크나큰 보람 중의 하나다. ⚓

알래스카에서 만난 하느님

자정까지 나눈 이야기

각자 마음 위에 점차 쌓이는 각자의 천성이나 의식의 내용은 부모의 성격 안에 깊은 뿌리로 자리 잡은 부모의 천성 및 의식이 부분적으로 전수되어 각자의 기본적인 성격이나 의식의 바탕이 된다.

'그 부모에 그 자식'이라는 말처럼 자녀들은 부모의 천성을 부분적으로 닮은 상태로 태어나게 된다. 그리고 전수받은 부모의 천성 혹은 의식 위에 매순간 접하게 되는 가정환경, 즉 가정교육과 학교교육, 나아가서는 사회가 주는 간접 직접의 많은 영향들이 각자 제2의 천성과 의식을 형성하는 데 대단히 중요한 요소들이 된다. 이미 부모로부터 받은 기초적인 천성이나 의식도 물론 여과되어야 할 소지가 반드시 있기 마련이다.

덧붙여서, 매순간 접하게 되는 무수한 영향으로 인해 후천적인 각자의 의식들도 분명히 정화되어야 하는 부분들이 너무나 많다. 인성개발의 성과로 나타나는 자기 성화를 이루는 도구는 역시 각종 교육이다. 교육하면 일반적으로 학교교육을 첫 번째로 염두에 두는데, 교육이란 어디에서든지 가능한 것이다. 자기 자신의 인성을 개발하고 교화시켜 성화되는 데 필요로 하는 자료는 자기를 둘러싸고 있는 여러 유형의 환경 안에도 많이 있다.

인성교육의 궁극적인 목표인 자신의 성화를 도모하는 데 있어 가장 효과적인 교재로 첫째, 나는 성경을 꼽겠다. 성경을 보관하고 성경을 유일한 교재로 올바르게 가르치는 종교적인 교육이 인성교육에 가장 뛰어난 효과를 거둔다고 생각한다. 성경을 통해 인간이 어떻게 생각하고 말하고 행동해야 하는지 제시하는 가르침을 각자 삶의 현장에서 적용시키는 자기 연마가 끝없이 필요하다. 이로 인해 점차 성숙해져 마침내 인성교육의 첫 자리가 되는 가지 성화의 경지에 이르게 된다고 본다.

성경은 예수님이 인간구원을 위한 생명의 말씀을 보관한 것이며 생명의 말씀인 성경말씀으로 연마된 결과는 인간 성화다. 인간 구원은 인간 성화를 의미한다. 인간을 교화시키고 연마시켜 고상하고 수준 높은 인격체로 변화시키는 인성교육의 최종목표가 자기 성화다. 성화된 자기 인격 안에는 인간이 갖추어야 하는 여러 유형의 덕행들이 골고루 갖추어져 있다. 완덕의 수준이 바로 자신이 성화된 수준이며 성화된 냉용은 바로 구원의 내용이며 구원의 내용은 종말론적인 행복이다.

오늘날에는 종말론적인 행복에 대한 추구와 희망을 대다수가 포기해버린다. 이유는 물리적이고 세속적인 취향에 우리의 의식이 깊숙이 젖어 미래지향적이고 종말론적인 행복에 대한 희망을 단념하고 살기 때문이다.

종말론적인 행복은 인간 삶의 현실인 차안에서 출발하지만 반드시 찾아오는 피안의 세계에서 완성되는 영원한 행복이다.

각자가 지고 있는 성화를 통한 완덕은 차안의 세계인 현실에서부터 출발하되 결국 시공을 초월해서 영원히 계속되는 피안의 세계에서 누리게 되는 종말론적인 행복이다. 저녁을 함께 먹고 있는 이분들도 나의 이야기를 별 어려움 없이 소화시키면서 성의껏 경청하는 모습이다. 나의 이야기에 흥미를 가지고 있음을 직감할 수가 있다. 바로 이 점이 내가 이야기를 계속할 수 있게 해준다.

이야기를 계속하려고 하는 순간 나를 초대해 준 가족의 주인인 'Michael'이라는 분이 "신부님의 이야기를 들어보니 인간이 성화되는 인성교육은 역시 종교교육이며 무엇보다 가톨릭 종교교육이라는 생각이 드네요" 한다. 내 이야기의 핵심을 파악하고 답변하는 것 같다.

초등학교에서부터 대학에 이르기까지 세계적으로 수많은 우수한 학교들이 대부분 가톨릭에 의해 운영되고 있다. 부모님들이 자기 자녀들을 가톨릭이 운영하는 학교에 보내기를 선호하는 것도 이러한 이유라고 생각한다. 즉 자기 자녀들의 인간성이 잘 교화되어 자신은 물론이고 가정이나 사회에 올바른 인간구실을 하도록 인간의 인격교육이 잘 된다고 판단하기 때문이다.

가톨릭교회가 운영하는 학교 교육의 기본적인 정신교육은 바로 인간을 사랑하고 존중하는 인간을 위한 인성교육에 초점을 두는데 이 초점의 뿌리는 바로 예수님의 말씀인 성경에 두고 있다. 여기까지 이야기했을 때 모두가 이구동성으로 자기들도 초등학교에서부터 대학까지 가톨릭이 운영하는 학교를 다녔다고 자랑한다.

내가 아는 상식으로는 가톨릭이 운영하는 학교가 미국을 비롯해서 세계 도처에서 최상위권에 들어가는 우수한 학교로 정평이 나 있는 것도 역시 인간의 인성교육에 역점을 두는 교육방침 때문이다. 인간의 인성교육은 태어나는 순간부터 가정에서, 학교에서, 사회에서 이루어져야 한다. 인성교육의 기본을 이루는 초석은 인간에 대한 존엄성이다. 인간 존엄성의 가장 중심이 되는 뿌리는 하느님의 모습으로 창조된 인간을 인간답게 해주는 인간의 영혼이다.

이미 11시 30분이 되었기에 이야기를 마쳤다. 좋은 말씀 해주셔서 감사하며 앞으로 성당에 나가겠다고 한다. ☸

알래스카에서 만난 하느님

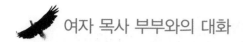

여자 목사 부부와의 대화

연일 계속되는 몇 차례의 모임을 통해서 그리스도를 믿은 신앙을 내용으로 한 이야기를 많이 했다. 가톨릭 신부이기에 어쩔 수 없이 인간성 개발에 도움이 되는 종교적인 대화를 좋아한다. 유람선 지도 신부가 유람관광을 즐기기 위해 온 사람들에게 현실감각이 약한 종교적인 대화를 한다는 것 자체가 흥미 있는 관심사가 될 수는 없다. 말초신경을 자극하는 비윤리적 퇴폐 문화에 젖어버린 현대인들의 사고에 인간 교화, 인격 함양, 인간의 성화를 언급하는 종교적인 내용이 이들의 관심으로부터 서서히 멀어져 가는 것도 실은 안타까운 일이다.

그런데 이분들과의 대화 속에서 나는 현대인들이 마음 깊은 곳에서 종교적인 대화를 목말라 하고 있음을 강하게 느꼈다. 현대인들의 마음속에 깊숙이 자리 잡은 인간적인 고뇌는 너무나 빠른 속도로 악화되는 현실사회의 부도덕한 퇴폐문화에 대한 비관과 절망이다. 급속히 대중의 마음을 오염시키는 타락된 쾌락문화를 선호하는 부도덕한 현실을 개탄하면서도

_ 미사 도중 강론과 미사 후 기념사진

이에 저항하는 용기와 인내마저 포기하고 인간성을 타락시키는 각종 유흥문화에 압도되어 그저 맥없이 주저앉아 버리는 것처럼 비춰져왔다.

그간 유람객들과의 대화를 통해 각자의 인간성 개발을 위해 종교적인 교육에 대한 열망이 아직도 이들 마음 깊은 곳에 강하게 깔려 있음을 나는 절실히 느꼈다.

간밤에 밤늦게 잠을 잤기에 불과 5시간 정도 잤지만 중간에 한 번도 깨지 않고 숙면을 취한 탓으로 새벽 5시에 일어났는데도 몸은 개운하고 상

알래스카에서 만난 하느님

쾌했다. 아침기도로 주님께 하루를 봉헌하면서 오늘도 이른 아침부터 잠자리에 다시 들어가는 시간까지 매순간 함께 계시는 우리 주님을 체험하는 하루가 되도록 도와주십사 하고 기도를 바쳤다.

6시경 뷔페식당에 가서 아침을 먹는데 육십이 넘어 보이는 부부가 함께 자리를 해도 되느냐고 묻기에 기쁘게 앉으시라고 자리를 권했다. 나를 보고 가톨릭 신부님이냐고 물으면서 인사를 한다.

자기 이름은 '로레인', 남편은 '존'이라고 소개를 한다. 같은 식탁에서 아침을 먹으면서 자기는 목사이며 남편은 자기 교회의 장로라고 한다. 신부님은 어떻게 해서 유람선 지도 신부님이 되었느냐고 묻는다. 그래서 경위를 설명하고 유람선을 타는 경비는 물론 지불하지 않는다고 말했다.

경비도 지불하지 않고 유람선의 지도 신부가 된 것을 무척 부러워하는 눈치다. 자기도 유람선에서 개신교 목사로 사역을 하고 싶은데 어떻게 하면 유람선에서 사역할 수 있는지 묻는다.

나는 가톨릭 신부이기에 내가 소속된 교구 주교님이 유람선 지도 신부를 파견하는 텍사스 주 바다의 사도직Apostleship of Sea of USA 본부로 나를 추천하는 편지를 보내야 한다. 그리고 나에 대한 까다로운 신분 검증이 통과되면 정식으로 유람선 지도 신부가 되었다는 통보와 함께 유람선 지도 신부의 신분증을 받게 된다.

이 같은 절차로 유람선 지도 신부로 정식 등록이 되면 유람선 지도 신부가 필요하다는 요청이 자주 온다. 유람선 회사들이 유람선 지도 신부가 필요할 때 텍사스 주 바다의 사도직 총본부에 요청을 한다. 유람선 사도직 본부에서는 유람선 지도 신부로 정식 등록된 신부님들에게 이메일을 보내어 요청을 한다. 통보를 받은 신부님이 지도 신부로 가겠다는 의사를 보내면 텍사스 주 가톨릭 바다의 사도직 본부에서 심사를 거쳐 가부간의 결정을 다시 본인에게 통보하게 된다.

자기가 가겠다는 의사가 채택이 되면 유람선 지도 신부를 요청한 유람선을 타게 된다. 물론 경비를 부담하는 것은 없고 유람선 지도 신부가 유람선에서 하는 주된 일은 매일 미사를 봉헌하는 것이다. 그런데 내가 유람선 지도 신부로 유람선을 여러 차례 타면서 유람선 사역을 하는 목사님 부부를 한 번 본 적이 있다.

그 목사님은 목사로서 유람선 사역을 하고 싶으면 신부님이 유람선 지도 신부가 되기 위해 텍사스에 있는 가톨릭의 바다의 사도직 본부를 거쳐야 하는 것처럼 목사도 가톨릭의 바다 사도직의 조직을 거쳐야 한다고 전한다. 자기도 30년 간 군종목사로 근무하다가 5년 전에 은퇴를 하고 텍사스에 있는 가톨릭 바다의 사도직 본부를 통해서 유람선 사역 자격증을 획득했다고 하면서 이러한 점이 쉽지 않다고 한다. 그 목사님은 가톨릭의 이러한 일사불란한 사도직의 조직을 본인은 무척이나 부럽다고 나에게 말한 적이 있다. 나는 이러한 점을 나와 함께 식사를 하는 목사님 부부에게 설명해 주었다. ☸

알래스카에서 만난 하느님

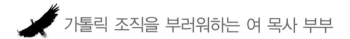# 가톨릭 조직을 부러워하는 여 목사 부부

여자 목사님 부부와 같은 식탁에 앉아 아침식사를 하는데 자기들은 상당한 비용을 내고 유람선을 타고 있다고 한다.

"유람선을 타고 유람선 여행을 하면서 느꼈는데 앞으로 자주 유람선 여행을 하고 싶지만 거액의 경비 때문에 유람선 사역을 할 수 있는 길을 알고 싶어서 신부님께 물어본 것입니다." 하고 말한다.

개신교에서는 바다의 사도직에 대한 조직뿐만 아니라 전반적으로 가톨릭과 같은 체계적인 조직이 없기에 하고 싶어도 할 수가 없다고 하면서 서운한 표정을 감추지 못한다. 목사 부부는 4개월 전에 서로 만나 결혼했는데 이번 유람여행은 신혼여행이라고 한다. 이번 결혼이 두 번째 결혼이며 부부 양쪽이 똑같이 첫 번째 결혼 때 낳은 세 자녀들을 두고 있으며 이번 신혼여행이 너무나 즐겁다고 약간 쑥스러운 표정으로 서로 정답게 쳐다보며 깔깔 웃는 모습이 자못 순진해 보인다.

남자는 플로리다 주에서 태어났고 여자 목사님은 미시간 주에서 태어

났는데 하와이 해변에서 우연히 만난 것이 인연이 되어 사랑을 하게 되었
다고 한다.

    4개월 전 플로리다 어느 지방 교회에서 현재 남편의 친구 목사님으로
부터 결혼식 주례를 받았다고 한다. 부인 목사님은 플로리다 어느 작은
마을에 자기 교회를 가지고 있다고 한다. 자기 교회 신도들이 신혼여행을
갔다 오라고 모금을 해서 유람선 여행비용을 주었다고 하면서 자랑한다.
자기들이 없는 동안 주중 예배는 없고 주일 예배가 한 번있는데 목사직에

   | 알래스카에서 만난 하느님

서 은퇴한 사촌 오빠가 대신 주일 목회를 하기로 했다고 한다.

예수 그리스도가 설립하신 가톨릭 교계제도는 2000년이 넘도록 전수되어 오는 변할 수 없는 전통 안에서 사제들이 양성되고, 양성된 사제들은 교계제도 안에서 이어오는 엄격한 교회법에 따라 예수 그리스도의 성만찬을 재현하는 미사를 봉헌하게 된다. 이러한 가톨릭교회의 교계제도를 벗어나게 되면 사제들은 사제직을 수행하는 것이 전혀 허용되지 않는다.

반면에 개신교에서는 목사직 수행을 감시 감독하는 권위 있는 교계제도가 없는 것 같다. 교파의 울타리 안에서는 감시감독이 있을지 몰라도 이 같이 종파의 울타리를 벗어나는 목회도 이분들의 이야기에 의하면 얼마든지 가능한 것 같이 느껴진다. 물론 예수 그리스도의 말씀이 어떠한 모양으로든 많이 보급되어야 한다는 점에서는 긍정적인 측면이 있다.

그러나 중요한 것은 예수 그리스도의 말씀의 참뜻이 자신의 개인적인 언변과 말솜씨로 인해 왜곡되게 전달될 가능성이 매우 높다는 점이다. 예수 그리스도가 부여한 엄격한 교회의 권위를 통해 교계제도의 테두리 안에서 말씀에 대한 유권해석 이외에는 개인이나 의견을 같이하는 모임의 해석이 용납되지 않는 점이 개신교와 가톨릭교와의 차이점이기도 하다.

예수 그리스도의 말씀에 대한 올바른 뜻이 훼손되거나 왜곡되지 않도록 당신이 세우신 교회에 말씀을 관리하도록 맡겨둔 그리스도의 권위가 이러한 부작용을 차단시키는 안전장치임에 틀림없다. 예수 그리스도의 말씀에 대한 개인적인 영감으로 인한 뛰어난 견해와 해석을 통해서 생겨

나는 보람과 명예, 심지어는 물리적인 부가 동반될 수 있는 강한 유혹이 누구에게도 가능하다. 이러한 유혹을 올바르게 식별해서 유혹을 멀리한 다는 것이 결코 쉽지 않겠구나 하는 생각을 나름대로 해보았다.

이들 부부는 이야기를 계속하고 싶어 하는데 나는 오늘 관광 옵션에 따라 관광을 함께하고자 하는 분들이 8시에 5층 대형 극장에 모이기에 양해를 구하고 자리에서 일어섰다. 오늘은 썰매를 타는 날이다.

시간을 보니 7시이다. 일기 예보에 의하면 낮에는 비가 올거라고 한다. 지금도 안개가 자욱하고 약간의 부슬비가 내리고 있다.

방으로 와서 낮에 비가 올 것을 대비해서 방수가 되는 얇은 잠바에 운동화를 신고 모자를 쓰고 7시 30분경에 대형극장으로 갔다. 오늘 하루의 관광을 위해 많은 사람들이 극장에 모여 있다. 관광 종류별로 사람을 모아 가이드를 따라 유람선의 검색대를 거쳐 유람선 밖으로 나가게 된다.

유람선 밖으로 나오니 중형버스가 우리 일행을 기다리고 있는데 장대 같은 비가 내리고 있다. 우리 그룹에 속한 열여섯 명의 사람들이 버스를 타고 약 20분 정도 가니 더 작은 소형버스 두 대가 대기하고 있다. 열여섯 명을 두 그룹으로 나누어 여덟 명씩 소형버스를 타고 약 30분 정도 더 가니 관광객을 태울 열여덟 마리의 개가 끄는 썰매들이 우리 일행을 기다리고 있다. ✸

　　　　　　　　알래스카에서 만난 하느님

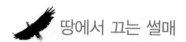 땅에서 끄는 썰매

우리가 탄 소형버스가 깊은 숲속으로 들어간다. 상록수가 울창하게 우거진 깊은 산속 땅 위에서 개들이 끄는 썰매를 타는 곳에 도착했다. 썰매를 운전하는 젊은 안내양들이 우리들를 기다리고 있고 역시 열여덟 마리의 개들이 끄는 썰매들이 여기저기 많이 있다.

썰매를 운전하는 안내양들이 우리들에게 머리까지 덮어 쓰는 얇은 비닐로 된 비옷을 하나씩 나누어 준다. 비는 아직도 억수같이 쏟아지고 있다. 안내양들의 설명을 듣고 여덟 명씩 각 썰매에 오른다. 썰매는 네 칸으로 되어 있고 한 칸에 두 사람씩 탄다. 그리고 열여덟 마리의 개들을 연결한 긴 끈을 잡은 안내양은 제일 앞좌석에 앉아 썰매를 운전한다.

비는 여전히 많이 오지만 썰매를 타는 것이 평생 처음이기에 신기하기도 하고 순간 별세계의 분위기를 느낀다. 썰매 앞좌석에 앉은 안내양들이 손에 잡은 끈으로 개들을 빠르게 달리게도 하고 중간에 멈추게도 하고 천천히 가게도 한다.

　　이미 썰매를 끄는 데 특수 훈련을 받은 개들은 썰매를 운전하는 안내양들이 잡은 끈을 조절하는 동작에 따라 일사분란하게 움직인다. 썰매를 탈 수 있게 짙은 숲속에 뚫어놓은 좁은 오솔길을 따라 가다보니 중간에 썰매를 끄는 개들을 양육하는 우리 안에 들어있는 개들이 요란하게 짖는다.

　　비는 여전히 계속 내리지만 썰매를 예정대로 탄 후 일단 우리 일행을 허름한 헛간같이 만든 집으로 안내한다. 건물 지붕과 한쪽 면은 막혀 있고 앞면은 문도 없이 확 트인 건물인데 안에는 썰매와 관련된 장비들이 즐비하게 놓여있고 몇 개의 간이 식탁들도 있다. 그리고 낳은 지 사흘 째 된다는 여덟 마리 새끼 강아지들이 두 바구니에 나누어 담겨 있는데 너무나 귀엽고 사랑스럽다.

이 집에서는 간단한 음료수와 빵, 그리고 뜨거운 커피와 티를 무료로 제공해준다. 비가 멈추지 않고 계속 내리는데 육로 썰매를 즐기기 위해 온종일 사람들로 붐비고 있다. 아마 눈이 내리지 않을 때는 눈 위의 썰매가 아니고 땅 위를 끄는 썰매가 되는 것 같다. 알래스카에서만 볼 수 있는 진풍경이기도 하다. 나무가 빽빽이 들어선 숲속에서 썰매를 타도록 오솔길을 만들어 관광객을 유치해 주민들의 삶을 윤택하게 하는 이들의 상혼이 돋보이기도 한다.

창조주에 의해 만들어진 자연 안에 인간의 생명이 유지되고 인간 삶의 질을 향상 시키고 풍요롭게 하는 모든 요소들이 자연 안에 보관되어 있다. 이러한 천혜를 인간의 물리적인 건강과 인간성 성숙에 초점을 두고 세계적인 안목으로 균형 잡힌 연구와 개발이 체계적으로 계속되어 이로 인한 혜택을 지구촌 모든 사람들이 골고루 공유하게 된다면 얼마나 좋을까 하는 생각이 들기도 한다.

비가 오고 강한 바람이 부는 악천후인데도 평생 경험하지 못한 썰매를 알래스카 유람선의 지도 신부로서 타본 체험은 나의 기억에 오래 남아 있을 인상적인 시간이 되기도 했다. 우리 일행을 유람선으로 데려갈 소형버스 여러 대가 이미 와서 대기하고 있다.

버스를 타고 유람선으로 돌아오니 11시경이 되었는데 먼저 뜨거운 물로 샤워를 하고 나니 온몸은 개운하지만 몇 시간 동안 비바람이 몰아치는 썰매장에서 비를 맞으면서 썰매를 탄 탓인지 갑작스럽게 전신에 피곤이 몰려온다. 침대에 들어가서 쉰다는 것이 잠이 들었는데 잠에서 깨고 보니 오후 3시다. 약 3시간 이상을 곤하게 잔 셈이다. 피곤이 가시고 몸은 상쾌하고 개운하다.

점심을 먹어야 하기에 9층에 있는 'Lido'라는 뷔페식당으로 갔다. 뷔페식당은 언제 가도 음식이 준비되어 있고 사람으로 붐비고 있다. 구운 닭다리, 스파게티 그리고 감자와 조개를 넣어서 끓인 뜨거운 스프를 그릇에 담고 우유 한 컵을 가지고 창가 식탁을 찾느라고 고개를 두리번거리는데 식당 구석진 창가 쪽에서 "Father Chung!"이라고 부르는 소리가 들린다.

소리 나는 쪽으로 고개를 돌려 보니 오늘 함께 썰매를 탄 '그레고리'와 그의 부인이 자기 식탁으로 오라고 나를 부른다. 오후 3시 10분경인데도 뷔페식당은 초만원이다. 식성이 좋은 젊은 사람들은 하루에 몇 차례씩 뷔페식당을 들락날락하면서 음식을 즐기고 있다.

식탁 가까이 가보니 낮에 썰매를 탔을 때 바로 나의 좌석 앞 칸에 탔던 오십 세 정도의 부부들인데 남편은 '그레고리'이고 부인은 '마리아'라고 한다. 내 미사에 두 번 참여한 진솔한 가톨릭 신자들이다. 자기들은 미국 몬타나 주 빌링스에 사는데 결혼 25주년을 기념하기 위해 유람선을 타고 즐겁게 잘 보내고 있다면서 철없는 아이들처럼 마냥 즐거워한다. ⚓

그레고리 부부와 나눈 이야기

이들 부부와 늦은 점심을 먹으면서 대화를 나누었다. 그레고리는 몬타나주 빌링스에서 태어났으며 부인은 시카고에서 태어났다고 한다. 이들 부부는 매사추세츠주 케임브리지 시에 있는 하버드대학교에서 공부를 할 때 성탄 파티에서 만나 2년 가까이 사귀다가 결혼을 하게 되었다고 솔직하게 자랑을 한다. 그리고 슬하에 3남매가 있다고 한다.

자기는 기계공학을 전공했고 전자공학을 전공한 아내 마리아는 무신론자였는데 결혼 때문에 영세를 받고 뉴욕 성 패트릭 대성당에서 혼배성사를 받았다고 한다. 자신은 아일랜드 부모에게서 태어났기에 철저한 가톨릭 집안에서 자랐다고 한다.

그런데 신앙 문제로 인해 부부가 서로 논쟁을 할 때가 간혹 있는데 논쟁의 주요 내용은 하느님의 존재 여부에 대한 내용이다. 부인인 마리아는 '하느님의 존재가 과연 가능한가?'라는 내용으로 과학자의 입장에서 하느님의 존재를 부정하는 논리로 논쟁을 전개한다. 반면에 스티븐은 어릴 때

부터 아무런 영문도 모르고 유아세례를 받았지만 첫 영성체를 받기 위해
가톨릭 교리를 배웠고 그 후 종교 서적을 많이 읽었으며, 주일 미사는 가
능한 한 빠지지 않는다고 한다. 자기는 하느님의 존재를 철저히 믿으며 하
느님의 아들로 세상에 오신 예수 그리스도를 믿고 있는데 아내인 마리아
는 결혼 때문에 영세는 받았지만 하느님의 존재를 믿지 않고 있다고 한다.

　　주님이 맺어주신 부부의 인연을 항상 감사하게 생각하면서 행복하게
잘 살고 있는데 종종 신앙 문제 때문에 토론을 하며 때로는 논쟁을 벌이

기도 한다고 한다. "신부님은 하느님의 존재를 나의 아내 마리아에게 어떻게 설명할 수 있는지요?" 하고 나에게 질문을 던진다.

갑자기 이러한 질문을 받으면 어디서부터 어떻게 설명할 수 있을까 하고 순간 생각하지 않을 수가 없다. 무엇보다 마리아가 지금까지 하느님의 존재를 나름대로 부인해 왔던 고집을 내가 지금 이야기한다고 해서 쉽게 포기한다는 것도 거의 불가능하게 느껴진다.

또한 하느님의 존재를 나름대로 설명하려면 시간도 꽤 걸리고 또한 나의 이야기를 들을 자세가 되어 있어야 하는데 어떻게 할까 순간 고민했다. 이러한 기회를 시간이 바쁘다든가 약속이 있다든가 하는 핑계로 피할 수도 있다. 그러나 주님이 주신 좋은 기회로 생각하고 주님께서 이에 대한 대답을 해주시리라 믿고 간단히 기도를 드렸다.

내 입에서 나오는 말을 주님의 능력으로 관리하셔서 하느님의 존재를 입증하려는 나의 평범한 논리가 마리아에게 전달될 때 창조주의 존재가 입증되는 효과를 얻도록 주님께서 마리아의 마음을 움직이게 해 주소서 하고 짤막한 화살기도를 바쳤다.

그리고 하느님의 존재를 설명한다는 것은 쉬운 일이 아니고 시간도 꽤 걸리는데 이야기 나눌 시간이 있느냐고 물었다. 마리아는 "신부님이 시간을 내어주신다면 너무나 감사하지요" 하면서 마리아의 눈치를 살핀다.

잠시 후 마리아가 자기는 하느님의 존재를 믿지 않지만 남편이 매주 성당에 미사 참례하는 것을 좋아하며 자기도 남편을 따라 성당에 간혹 나간다고 하면서 하느님의 존재에 대한 신부님의 이야기를 듣고 싶다고 한다. 마리아가 신앙 이야기를 듣고 싶어 하지 않는다면 어쩔 수 없이 이야기를 접어두고 평범한 이야기만 하다가 헤어져야 했다.

그런데 종교적인 이야기를 싫어하지 않을 것 같으니 주님께서 나의 기도를 들어 주셨고 기도의 내용대로 하실 계획을 가지고 계시구나 하는 생각이 번쩍 들었다. 그렇다면 마리아의 고집스러운 마음을 열도록 이야기를 해야 되겠다고 생각을 굳혔다.

신앙 이야기를 신부로부터 듣기 원하는 것은 신자로서 당연한 일인데 마리아는 하느님의 존재를 받아들이지 않는 무신론자로서 과학적인 논리로서는 알아들을 수 없는 하느님의 존재를 들어보겠다고 하니 겸손과 이해에 깊은 감명을 받았다며 말문을 열었다.

"미국뿐만 아니라 세계적으로도 최고 명문대학으로 명성이 높은 하버드대학교를 졸업한 두 분의 과학자 앞에서 내가 하느님의 존재를 설명해야 하니 무척이나 부담스럽고 또한 나의 입에서 나오는 말로 볼 수 없는 하느님을 여러분들이 알아듣도록 설명할 수 있을지 무척 걱정스럽기도 합니다" 하고 말을 시작했다. ✿

알래스카에서 만난 하느님

# 하느님의 존재

부인인 마리아에게 하느님 존재를 신부님이 좀 설명해 주십사 하는 그레고리의 부탁과 또한 마리아가 나의 이야기를 들어 보겠다는 성의와 겸손이 마리아도 본인의 신앙에 관심이 없는 것은 아니라는 판단이 섰다. 나는 우선 아래와 같은 말로 일단 말문을 열었다.

어느 누구든 하느님을 보았다고 주장하면 그분의 말은 분명히 거짓말임에 틀림없다. 나도 하느님을 믿고 하느님을 위해 인생을 다 바치고 살지만 하느님을 본 적은 한 번도 없다. 하느님을 믿는 어느 누구도 하느님을 보지 않고 믿는다고 말해야 정직한 말이다. 인간의 오감을 통해서 경험이 불가능하기 때문에 그분의 존재는 시간과 공간을 초월하고 계신다. 그분의 존재는 물리적인 조건에서는 완전히 해방된 초자연적인 존재이기에 어느 장소 어느 시간에도 동시에 가능하다.

누가 그분을 보고 만지고 음성을 들었다고 하면 현실이 아닌 꿈이나 환상에서나 가능한 일일 것이다. 우리 주변에 수많은 빌딩, 헤아릴 수 없이 많은 전자제품들, 수많은 의료기구, 자동차, 화려한 유람선, 군함, 비행기 심지어는 우주선 등 이루 말할 수 없는 눈부신 과학의 문명 속에 우리는 파묻혀 살고 있다. 이러한 고도의 과학 문명과 빼어난 문화 예술들이 따지고 보면 인간의 사고에 의해 생겨난 산물들이다.

그런데 인간 사고의 존재는 인간의 오감을 통해서는 인식이 불가능하다. 인간 사고의 실체는 볼 수도 만질 수도 들을 수도 없는 비물질적인 무형한 초자연적인 실체다. 그렇다 하더라도 인간 사고의 능력이 미치는 범위는 한계가 있음을 우리들은 안다. 인간이 개발한 고도의 과학 기술로 인해 상상을 초월할 정도로 기계 문명이 하루가 다르게 발전하고 있다.

그렇지만 이미 자연에 매장된 무수한 원리를 인간 사고의 능력으로 찾아낸다. 찾아낸 원리를 합하고 가감하고 곱하고 나누면서 이미 발견된 이치와 원리를 고도의 응용방법으로 수많은 실험을 거치면서 나타나는 결실이 바로 현재 우리가 누리는 정교한 과학 문명이라고 나는 믿는다.

과학자들의 머리로 새로운 이치와 원리를 찾아내는 작업은 높이 평가해야 하지만 그분들이 원천적으로 없는 원리와 이치를 만들어내는 창조의 주인공은 아니라고 생각하는데, 마리아는 어떻게 생각하느냐고 물었다.

"자연 안에 이미 파묻혀 있는 수많은 원리를 과학적인 집념으로 찾아낸 이치를 응용해서 새로운 것을 만들어내는 것과 절대적으로 없는 순수한 새로운 원인이나 이치를 무에서 유로 만드는 창조와는 확연한 차이가 있지 않을까요?"

알래스카에서 만난 하느님

전자는 인간의 두뇌로서 능히 가능하다는 것이 현실적인 무수한 과학의 결실로 충분히 입증이 되고 있다. 그러나 후자의 경우는 인간의 두뇌로서는 한계를 벗어나는 완전히 불가능한 영역이라 생각한다. 여러분들의 합리적이고 과학적인 논리로서도 문제 해결이 되지 않는 많은 난제들을 접할 때 저절로 생겨났다고 하는 궁한 답변을 할 수야 없지 않겠는가. 존재의 원인 규명을 위해 간단없는 과학적인 관찰과 연구가 무엇보다 과학자들에게 주어진 즐거운 도전이라고 나는 믿는다.

과학도들의 엄청난 호기심을 자극하는 끝없는 학문적인 도전에 쐐기를 박는 막다른 골목이 바로 신의 존재를 과학적으로 입증이 불가능하다고 생각하기에 하느님의 존재 자체를 아예 부정해 버리려 한다. 물리적이고 과학적인 탐색으로 모든 난제들을 해결하려는 과학자 특유의 자부심과 학문적인 고집을 포기해야 하는 경우가 있다면 이 같은 사례는 본인들의 자존심을 양보하는 결과가 되리라 생각한다.

이같은 심리적인 부담에서 벗어나는 가장 효과적인 대안이 있다면 모든 존재는 과학적인 근거 위에 시간과 공간이라는 법주 안에서 현실적으로 경험이 가능한 물리적인 조건에서 입증되는 것만이 존재의 가능성을 고집하게 된다. 신의 존재를 과학적인 방법으로 입증하기가 불가능하다는 그들 사고의 한계를 변명하는 유일한 구실에 불과하다고 나는 믿는다.

과학적으로 이미 생겨난 화려한 문명을 있게끔 한 원천적인 수많은 원리와 이치는 역시 절대적이고 완전한 사고의 능력의 소산이라 믿는데, 절대적이고 완전한 사고의 주인공은 하느님이다.

나는 텍사스주 휴스턴의 존슨 우주센터와 플로리다주 케네디 우주센터에서 머리로는 상상도 할 수 없는 얽히고설킨 복잡하고 정교한 수많은 기계 부품들을 보고 사람들은 모두 탄복과 감탄을 연발한다. 상상도 할 수 없는 정교한 우주 비행선을 만든 과학자들을 내가 누구인지는 실은 모른다. 우주선은 만든 주인공을 염두에 두면서 실제로 본 우주선을 보는 사람은 그리 흔하지 않을 것 같다.

왜냐하면 만들어진 우주선 자체가 너무나 거대하고 웅장하며, 정교하고, 세밀한 작품 앞에 자신의 능력과 재주로서는 완전히 불가능하다는 심리적인 열등의식이 강하게 작용하기 때문이라고 나는 생각한다. ✺

　알래스카에서 만난 하느님

 오솔길 걷기

　　오늘은 알래스카 유람선을 두 번째로 타게 된 2008년 9월 12일 (금)이다. 일반적으로 4시경에 일찍 잠자리에서 일어나 아침기도를 바치고 매일 6시경에 아침을 먹으려고 뷔페식당에 간다. 뷔페식당은 보통 6시부터 문을 열어 온종일 유람객들로 북적거린다.

　아침식사를 급하게 마치고 방으로 돌아온 나는 운동복 차림으로 7시에 퀸 라운지로 갔다. 사람들은 이미 관광 상품에 따라 승무원의 안내로 검색대를 거쳐 밖으로 나간다. 나도 안내 승무원의 지시에 따라 검색대를 거쳐 유람선 밖으로 나오니 유람 관광 상품에 따라 수십 대의 관광버스가 기다리고 있다.

　Ketchiken Osca Beach Rain Forest Trail을 선택한 관광객들을 태우는 9257 번호판을 단 버스가 우리를 기다리고 있다. 그간 계속 흐리고 비를 동반한 강풍이 불었는데 오늘은 모처럼 맑고 바람도 없기에 관광하기에는 아주 좋은 날씨다. 이러한 좋은 날씨가 갑작스레 변덕을 부려 바람과 비가 올지 모를 일이기에 안심할 수는 없다.

우리 일행 10명은 대기하고 있는 9257 번호판을 단 소형버스에 올랐다. 약 30분 후에 버스는 바닷가 입구에 서는데 우리 일행을 태울 동력 고무보트가 있고 보트를 운전할 운전기사가 우리를 맞이해 준다. 우리 개개인에게 구명조끼와 비닐 바지를 나누어주면서 그 옷을 입고 고무보트에 타길 권유한다.

구명조끼를 입은 우리 일행 열 명을 태운 고무보트는 쾌속으로 약 30분 정도 푸른 물살을 헤치면서 달려간다. 가면서 중간 중간 상록수로 우거진 조막만한 섬들을 지나간다. 바다 수면을 쾌속으로 달리는 보트를 타고 알래스카의 바다를 보는 맛은 육지나 유람선에서 보는 바다의 경관과는 또 다른 기분을 느끼게 한다. 바다의 아름다운 절경을 온몸으로 느끼면서 재빠르게 달리는 고무 보트위에서 스릴과 생동감 넘치는 기분을 체험한다는 것은 감동과 즐거움이 함께 하는 시간이다.

바다 물살을 쪼개면서 고속으로 달리는 기분은 마치 해상 특공대들이 적지를 탐색하기 위해 작전을 수행하는 해상 훈련을 하는 것과 같은 기분을 느끼게 한다. 거의 20~30분 정도 쾌속으로 달리는 고무보트는 어느덧 울창한 상록수가 빽빽이 들어선 산 끝자락과 접하는 바닷가에 다다른다.

우리 일행들을 안내할 안내원 두 사람이 우리들이 보트에서 내리는데 손을 잡아 주면서 도움을 준다. 폭이 아주 좁은 해변에 안내원의 지시에 따라 우리들은 일단 구명조끼를 바닷가에 벗어두고 안내원을 따라 험준한 산 오솔길을 걷기 시작한다. 앞이 잘 안 보일 정도로 울창한 숲속을 뚫어 오솔길을 만들었는데 중간 중간 두터운 나무판자를 깔아 계곡과 계곡을 연결한 다리가 있다.

하늘이 보이지 않는 울창한 밀림 속을 약 한 시간 정도 안내원의 설명을 들으면서 걸었다. 안내원이 없으면 왔던 길로 다시 나온다는 것은 거의 불가능하다. 더군다나 방향 감각이 둔한 나로서는 상상도 할 수 없을 정도로 짙은 밀림이다. 가까이 있는 나무들은 서로 뿌리가 엉켜 두 그루의 나무가 하나의 나무 둥치가 되어버린 신기한 나무도 있다. 희귀종의 나무나 버섯 종류나 덤불들이 나무 아래 땅을 뒤덮고 있다.

'안소니' 라는 안내원은 텍사스주 수도 오스틴에서 태어났고 군대생활을 할 때는 자원해서 이란전쟁에도 참전했다고 한다. 현재는 알래스카 관광회사에 취직이 되어 Osca Beach Rain Forest Trail 코스를 안내하는 일을 맡고 있다고 한다. 오늘 우리들을 안내하는 것처럼 오솔길 걷는 관광 안내를 매일 여섯 차례나 한다고 한다.

우리가 걷는 이 섬을 메우고 있는 대부분의 울창한 나무들은 Cedar히말라야삼목라는 나무인데 이 나무의 수명은 300년이며 300년이 자라면 자연적으로 고사한다고 안내원이 설명한다. 세상은 우리의 머리로서는 도저히 감당할 수 없는 심오한 신비로 겹겹이 쌓여 있다는 점을 나는 오늘 알래스카 밀림의 오솔길을 걸으면서도 생각해 보았다. 한 알의 씨가 어디에서 어떻게 떨어져 이토록 울창한 산림을 조성하고 있는지 깊고도 깊은 창조의 비밀을 누가 감히 파헤칠 수가 있겠는가?

무엇보다 생명 창조의 오묘한 신비의 비밀을 가진 창조주의 존재를 겸허하게 받아들일 때 어느 정도의 이해는 가능하다고 본다. 현재 인류가 누리고 있는 문화와 문명은 인간 사고의 산물이다. 자동차나 비행기 등등 수많은 기계들이 처음 만들 때 적용된 사고의 청사진으로 생겨나면 그 다음부터는 수많은 제품으로 양산이 가능하다.

하느님의 생명 창조 역사를 보면 생명체에 대한 설계로 인해 생명체의 출현이 시작된 후 주어진 생명 설계에 따라 생명의 기초 원리를 적용하면 같은 종의 생명체가 계속 생겨날 수 있도록 하느님께서 안배하신 것이 틀림없다는 생각을 해보게 된다. ✿

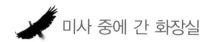 미사 중에 간 화장실

이번에 네 번째 타는 알래스카 유람선은 캐나다 Vancouver에서 2009년 9월 2일 출항한 Volendam 유람선이다. 여러 차례 유람선을 타면서 건강 때문에 어려움을 겪은 적은 한두 차례의 식중독을 제외하고는 없으니 다행한 일이다. 두 번의 경우 모두가 음식으로 인한 식중독 때문인데 한 번은 식중독으로 인한 배 사정 때문에 너무나 어렵고 난처한 경험을 한 적이 있다.

아침 8시 미사를 봉헌하려고 제의를 입고 미사를 시작하려는 순간 이상하게도 배 사정이 심상치 않은 징후를 느꼈다. 그래도 설마하면서 꾹 참고 미사를 시작했다. 독서 후 성서를 읽고 강론을 시작하는데 사정이 점점 더 심각해지면서 더 이상 참을 수 없는 상황에 이르렀다. 미사 참례한 교우들도 이미 눈치를 챈 것 같았다.

이러다가는 너무나 창피스러운 큰 일이 생길 것 같아서 양해를 구하고 급하게 제의를 벗어 제대 위에 두고 근처 화장실을 찾아 갔다. 다행하게도 급한 문제를 아슬아슬하게 해결했다. 하마터면 미사 도중 큰 창피를 당할 뻔했다. 평생토록 사제생활을 하면서 미사 도중 이렇게 난처하고 급한 사정을 처음 경험한 셈이었다. 문제를 해결한 후 다시 제대로 돌아와서 제의를 입고 미사를 계속했다.

미사 후 신자들과 인사를 나누는데 제각기 위로의 말을 한마디씩 하면서 이젠 진정이 되었느냐고 물었다. 자기네들도 그런 어려운 경험들이 있고 유람선 안에서도 그런 일이 있었다고 하면서 미사 도중 내가 너무나 난처했던 급한 사정을 이해하고 위로하는 말을 아끼지 않았다.

이 일이 창피스럽게 느껴져 미사 후 얼굴을 붉히며 이들과 대화를 나누는데 이분들은 오히려 얼마든지 있을 수 있다는 식으로 나를 위로했다. 신부님이 미사를 순간 중단하고 화장실을 찾아간 것은 너무나 잘한 일이라고 웃으면서 얼굴을 붉히고 수줍어하는 내 입장을 적극적으로 이해하고 옹호해 주었다.

약 7년간 나는 미국 사목을 한 후 유람선 사목을 현재까지 하면서 많은 사람들을 만났는데 그간 경험한 바로는 우리 민족과는 좀 다른 점을 쉽게 느낄 수가 있었다. 즉 자신이 가진 인간적인 조건과 다른 사람이 가진 인간적인 조건과 전혀 차이가 없음을 각자 스스로 인정하고 있다는 점이다. 지난번과 같은 경우에도 나의 딱하고 급한 사정을 이들은 자기들이 경험한 것 같이 충분히 이해했다. 왜냐하면 자기들도 내가 겪은 난처한 경험들을 하기에 다른 사람의 입장을 이해하는 데 결코 인색하지 않다.

알래스카에서 만난 하느님

2천 명 내지 3천 명이라는 많은 유람객들을 태운 거대한 유람선은 일주일에서 많게는 한 달 코스로 세계 이곳저곳 아름다운 항구도시를 찾아다니면서 유람선 여행을 한다. 일단 유람선을 타고 유람여행을 하는 동안은 유람선이 자기 집이요, 유람선 내에 자기가 잠자는 침실은 자기 개인 방이나 다름없다. 유람선 안에서 갑작스럽게 중환자가 생기게 되면 유람선 내에 고용된 의사의 진단에 따라 현재 유람선에서 가까운 육지에 있는 병원과 연락을 취해 환자를 일단 이송하는 경우가 있다.

　또한 유람선이 항해 도중 급한 중환자가 생길 때는 유람선이 지나가는 현지에서 가장 가까운 인근 항구로 연락을 취하고 구조배가 유람선에 가까이 접근해서 환자를 이송하는 경우도 있다. 생명이 위험해 시간을 다투는 환자일 경우에는 헬리콥터로 환자를 수송하는 수도 있다는데 이러한 경우는 한 번도 본 적이 없다.

　그 외에 유람선 내에서 수시로 경환자가 생기면 의사의 간단한 진단과 간단한 약물치료를 받을 수 있는 병실과 간호사가 있다. 남녀노소를 비롯해서 심지어는 함께 탑승한 병약자들을 포함해서 2~3천 명 이상의 사람들이 유람선이라는 같은 공간 안에서 같은 음식을 먹으며 일정 기간을 보내야 한다. 또한 항구 도시 관광을 위해 유람선 밖으로 나갔다가 들어오기에 유행성 감기나 식중독으로 인한 환자들도 많이 생긴다고 한다.

　나는 2006년 1월 미국 텍사스에 있는 유람선 사도직의 총본부에 유람선 지도 신부로 정식 등록이 되었기에 일 년에 한두 차례씩 유람선을 타고 있다. 2006년 4월 15일(토) 미국 캘리포니아주 샌디에고에서 출발하는 Holland America Line 소속 Oosterdam 유람선을 처음으로 유람선 지도 신부로 유람선을 타기 시작한 것이다.

이때만 하더라도 유람선 안의 음식은 최고 수준의 최고급 음식이었다. 그런데 그 이후 여러 차례 유람선을 타면서 나는 음식의 질이 조금씩 떨어지는 것을 느끼게 된다. 세계적인 경제 불황으로 인한 경비절약 때문인 거 같다. 그러나 일반적으로 유람선에서 제공하는 음식은 여전히 양질의 최고 수준의 음식이다. 그래서 유람선을 탈 때마다 대개의 사람들은 체중이 4~5kg 정도 늘어난다고 한다. 유람선에서 먹게 되는 양질의 풍부한 음식 때문이다.

간혹 음식으로 인한 식중독 사례가 있는데 음식에 대한 위생관리의 부주의로 인해서 또는 식수로 인해서 발생하는 경우도 있다. 아무튼 지난번과 같은 경우가 두 번 다시 생기지 않길 간절히 바랄 뿐이다. ✿

알래스카에서 만난 하느님

공중 줄타기 모험

유람선이 항구에 정박하면 여러 옵션에 따라 유람객들은 관광도시의 명소들 및 여러 종류의 알래스카 자연을 이용해 모험을 즐기는 프로그램이 많다. 알래스카는 항구 도시 관광보다 알래스카에서만 할 수 있는 모험을 즐기는 관광 옵션들이 있다.

즉 레프팅급유에 고무보트를 타는 위험한 운동, Kayaking배 양쪽이 아주 좁고 길쭉한 동물가죽으로 된 배에 두 사람 또는 그 이상의 사람들이 타고 바다 위에서 노를 젓는 운동, Canopy & Zipline울창하게 우거진 밀림 속에서 300m나 떨어진 우람한 양쪽 나무 위에 고정된 두 개의 케이블을 타는 운동, Dog Sled개 18~20마리가 끄는 썰매를 타는 운동, 경비행기나 헬리콥터를 타고 방대한 빙산을 둘러보는 옵션, 하이킹 코스, 낚시를 즐기는 옵션 등등 이외에도 많은 종류의 옵션들이 있다.

유람객들은 유람선에 승선하자마자 즉시 매일 소개되는 관광 상품을 미리 구입해야 한다. 관광상품의 내용에 따라 두 시간에서 심지어는 열 시간씩 소요되고 가격도 50불에서 심지어는 500불에 이르는 다양한 상품

_ 공중 줄타기 순서를 기다리고 있다

들이 있다. 유람선 지도 신부가 표를 구입할 경우에는 상품 가격의 50%
가 할인되며 그렇지 않으면 여러 종류의 관광 상품들 중 세 개를 선택해
상품관리 사무실에 제출하면 지도 신부가 선택한 관광 상품에 빈자리가
있을 때면 관광표가 무료로 제공된다.

그런데 오늘은 내가 신청한 Canopy Zipline Adventure라는 관광 상
품에 대한 무료표가 나왔다. 이 관광 상품의 소요시간은 3시간 30분이며
가격은 350불이다. 만약에 부부가 이 상품을 구입하게 되면 700불을 지

알래스카에서 만난 하느님

불해야 한다. 유람선 여행은 여행에 필요로 하는 공식적인 기본 경비보다 항구마다 관광 상품을 구입하는 경비가 더 많이 든다. 관광 상품 구입은 물론 옵션이기에 각자의 자유다.

나의 경우 유람선 지도 신부이기에 유람선을 여러 차례 타고 다니지만 관광 상품을 돈을 주고 사본 적은 한 번도 없다. 지금까지 무료로 고가의 관광 상품에 해당되는 관광만 해온 셈이다. 나의 주머니 사정을 잘 알고 계시면서 언제나 나와 함께 계시는 우리 주님께서 분명히 이렇게 주선해 주시는 것으로 믿고 있다.

유람선에서 매일 배달되는 Daily Program에 미사 시간과 미사 장소가 소개되고 있다. Daily Program을 꼼꼼히 주의 깊게 살펴보지 않으면 쉽게 미사 시간과 미사 장소를 놓쳐버릴 정도로 그날의 행사 내용이 4쪽이나 되는 소식난에 빽빽이 소개되고 있다.

오늘2009년 7월 22일 수요일의 미사 시간은 오전 8시다. 나를 비롯해 모험과 스릴이 넘치는 Canopy & Zipline Adventure를 신청한 사람들은 9시 30분까지 유람선 밖에서 우리를 기다리는 안내원을 만나야 한다.

6시에 뷔페식당에서 아침을 먹고 8시 미사를 봉헌하기 위해 방에 잠깐 들렀다가 곧장 미사를 봉헌할 장소로 갔다. 미사 준비는 되어 있고 약 4~5명의 교우들이 이미 와서 기도를 바치고 있다. 8시가 되니 약 50명 정도 모였다.

미사를 봉헌하고 나는 급하게 방으로 와서 옷을 갈아입고 검색대를 거처 유람선 밖으로 나갔다. Canopy & Zipline의 모험을 경험하는 그룹 열여섯 명 중 6~7명이 이미 나와서 안내원의 지시를 받으면서 9시 30분까지 열여섯 명의 인원이 다 모일 때까지 기다리고 있다.

9시 30분에 열여섯 명 전원이 모였을 때 안내원을 따라 소형배가 정박하고 있는 바닷가로 걸어서 갔다. 여덟 명씩 2개조로 두 대의 소형 배를 나누어 타고 약 30분 정도 쾌속으로 달려간 후 짙은 숲으로 뒤덮인 산 언저리 해안에 배가 멈춘다. Canopy & Zipline 모험을 하는 데 필요한 요령을 가르치고 우리와 함께 Canopy & Zipline를 타면서 지도할 남녀 안내원이 우리 일행을 바닷가 뭍에서 맞이한다.

안내원들은 오전 10시경인데도 마치 해가 떨어진 저녁같이 어둠침침하게 안개가 자욱한 울창한 숲속으로 우리 일행을 데리고 간다. 해안에서 약 10분 정도 진흙투성이의 험악한 오솔길을 따라 걸어 올라가니 허름한 큰 창고 같은 목조 건물이 있는데, 그 건물 안으로 우리를 안내한다.

차갑고 안개가 자욱한 숲속 건물 안에는 Canopy & Zipline 모험을 하는 데 필요한 장비들이 가득 쌓여 있다. 빨간색으로 된 비를 막는 점퍼 같은 웃옷과 헬멧과 두터운 장갑을 나누어 주고, 양다리 사이 넣어서 엉덩이에 건 장비 양팔 사이를 지나 몸체를 고정시킨 두 개의 쇠고랑이 달린 줄을 두 개의 케이블 위에 거는 장비를 각자에게 나누어 준다. ✹

 잊을 수 없는 줄타기

어둠침침한 창고에 쌓여 있는 공중 줄타기에 필요한 각종 장비를 보는 순간, 내가 과연 이러한 모험을 감당할 수 있겠는가 하는 생각이 불현듯 난다. 장비를 입는 것이 복잡해 안내원이 도와주었다. 그리고 낙하산 장비를 입는 것처럼 양다리 사이로 집어넣어 엉덩이에 고정시킨 멜빵을 양 어깨 사이로 걸어 몸에 단단하게 부착시킨다.

장비를 입은 우리 일행은 헬멧을 쓰고 안내원의 주의와 요령을 들은 후 안내원을 따라 Canopy를 타는 곳까지 걸어갔다. 인공위성을 타는 것 같은 육중한 복장을 하고 무거운 발걸음을 옮겼다. 약 100m 정도 걸어가자 Canopy & Zipline을 타는 곳이다.

여덟 명씩 한 조로 따로 따로 Canopy를 타기 위해 드리워진 밧줄을 잡고 약 20m 높이의 나무 위에 마련된 발판 위로 한 사람씩 올라갔다. 우람한 나무들이 빽빽이 들어선 밀림 속에 약 300m의 간격으로 이쪽 나무와 저쪽 나무에 고정된 두 개의 굵은 케이블이 공중에 떠 있다. 사람들이 공

_ 공중 줄타기를 한 후 소형배를 타고 있는 필자

중에서 케이블을 타는 데 지장이 없도록 나무를 베어 뚫어 놓은 공간 외에는 사방이 우람한 나무로 뒤덮인 밀림이다. 약 300m에서 350m의 간격으로 지그재그로 열 번 공중에서 케이블을 타도록 되어 있다. 30~40m 높이의 나무 중간에 마련된 발판 위에 한 조가 된 여덟 명이 서 있다.

　우선 남자 안내원이 시범으로 케이블을 타고 저편 나무 위에 마련된 발판까지 가서 한 사람씩 케이블을 타고 오기를 기다린다. 이편의 여자 안내원은 각자가 케이블을 타도록 몸에 고정된 고리 하나는 위에 있는 케이

알래스카에서 만난 하느님

블에 걸어주고 다른 고리 하나는 아래 있는 케이블에 걸어준다. 왼 손바닥은 위의 케이블에 걸어둔 고리를 덮고 있고, 오른손은 아래 케이블에 걸어둔 줄을 잡는다.

일단 아래위 케이블에 몸이 고정된 고리를 걸면 몸은 이미 케이블에 매달린 채 공중에 떠있고 발은 아직 발판에 대고 있는데 발만 떼면 케이블에 의존한 몸무게 때문에 걷잡을 수 없이 빠른 속도로 날아간다.

갈수록 가속으로 인해 저편 나무에 가까워지면 속도가 몇 배로 빨라진다. 이때 속도 조절은 아래 케이블에 연결된 밧줄을 잡았던 오른손을 밧줄에서 떼어 어깨 뒤의 아래 케이블을 오른 손바닥으로 가볍게 누르면 속도가 줄고 저편 나무에 마련된 발판에 안전하게 도착하게 된다.

이젠 한 사람씩 케이블에 몸을 매달고 아래는 나무덤불과 울퉁불퉁한 바위로 된 상공을 40m 높이의 케이블에 댕그랑 매달려 빠른 속도로 저편 나무까지 날아가야 한다. 일행 여덟 명 중에는 중년 부부가 두 쌍이며 두 명은 30대 청년들이고 한 분은 60이 넘어 보이는 부인이고 나머지 한 사람은 여덟 명 중 최고령인 71세의 나이인 나 자신이다.

내 앞 사람들은 아무런 문제없이 저편 목적지까지 잘 도착하는데 결국 내 차례가 왔다. 물론 속으로 기도를 하면서 언제나 함께 계시는 우리 주님과 같이 Canopy & Zipline을 즐기게 되고 스릴과 위험이 뒤따르는 이 운동을 통해서도 우리 주님과 함께 있음을 느끼게 하소서 하는 화살기도를 바치면서 발판에 의존한 발을 들었다.

케이블에 의존한 나의 몸은 사정없이 날아가기 시작한다. 순간의 짜릿한 스릴을 말로 표현하기 힘들다. 그런데 가속이 된 속도를 조절해야 저편 나무 위에 마련된 발판에 무난하게 도착한다. 저편 나무 발판에서 기다리는 안내원이 속도를 줄이라는 신호를 계속 주는데도 순간 당황이 되어 속도를 줄이지 못한 채 목적지에 도착하는 순간, 안내원이 나의 몸을 안으면서 충격을 막아주었다.

발판 위 나무 둘레는 두터운 고무로 감아두었다. 과속을 조절 못한 채 몸이 나무 둥치에 부딪히면 엄청난 위험이 있기에 오늘 나처럼 과속을 조절 못한 채 빠른 속도로 도착하더라도 몸의 충격을 막아주기 위해 나무에 감아둔 고무벨트다. 우리 일행은 점차 익숙해져 Canopy & Zipline를 즐긴다. 나도 점차 요령이 생겨 재미와 스릴을 느끼면서 즐겁기만 하다.

대개가 Canopy를 타면서 "야호!"라고 큰 고함을 치면 고요한 밀림은 순식간에 고음의 메아리가 밀림의 정적을 쪼개면서 점차 광활한 산림지대를 넘실거리면서 산울림으로 사라진다. 나도 이젠 익숙해져 케이블에 몸을 달랑 매달고 목청을 높여 "야호!" 하고 외치고 내려갔다.

산울림으로 반사된 나의 음성을 다시 들으면서 빽빽이 들어선 알래스카의 밀림 위를 종횡무진으로 날아다니고 있는 이 순간이 현실이라 믿어지지 않고 꿈속인 것만 같다. ❀

알래스카에서 만난 하느님

공중 케이블에 매달리다

고공에 설치한 케이블 위를 지그재그로 열 번이나 하늘을 날으다 보니 점점 몸이 지치고 케이블을 잡고 있는 손에 힘이 빠진다. 열 번의 코스를 다 끝내야 땅에 내려갈 수가 있는데 횟수가 많아질수록 두려움과 피곤이 쌓여 남은 Canopy를 계속 탄다는 것이 점점 자신이 없어지는데도 별다른 선택의 여지가 없다.

열 코스를 완주한 후 땅에 내려가도록 되어 있기에 점차 지쳐가는 심신을 끝까지 버티면서 공중에 설치된 케이블을 타고 곡예를 하다시피 날아다녀야 한다. 결국 마지막 세 코스를 남겨두고 목적지에 도달하지 못한 채 공중 케이블에 댕그랑 매달려 오도 가도 못하는 신세로 아래를 내려다보니 오싹해진다.

나는 처음 시작부터 주님과 함께 Canopy를 타기로 주님으로부터 약속을 받고 출발했는데 결국 피곤과 두려움이 한꺼번에 몰아치는 심리적 불안으로 케이블을 조절하는 요령을 순간 잊어버렸다. 탄력이 붙어 빠르게 움직이는 케이블의 속도가 완전히 멈추어 어쩔 수 없이 케이블에 매달린 채 공중에 대롱대롱 매달려 있어야 했다.

순간 케이블에 매달린 채 마음을 정돈하고 정신을 차려 주님께, "만약에 지금 떨어진다 하더라도 죽음을 기쁘게 받아들이겠습니다. 그러나 주님이 도와주시면 나는 결코 떨어지지 않습니다. 주님께서 내가 현재 느끼는 두려움을 몰아내 주시고 용기로 나의 마음을 채워 주시고 주님만을 의존하는 순간이 되도록 도와 주셔야 합니다" 하고 절실한 화살기도를 바쳤다.

그런데 맞은편에서 나의 입장을 지켜보고 있던 안내원이 케이블을 타고 공중에 매달려 있는 나에게로 접근해 온다. 나는 순간 주님이 보낸 천사라고 생각하며 이젠 살았구나 하고 안도의 한숨을 내쉬면서 기다렸다. 안내원이 케이블에 매달려 있는 나에게 다가 와서 자기 몸에 고정된 쇠고랑의 한쪽 끝에 붙은 쇠고랑을 나의 몸에 고정시켜 자기의 두 손으로 케이블을 잡고 한 손 한 손을 옮기면서 있는 힘을 다해 맞은편 나무 위에 마련된 발판까지 나를 끌고 가는 데 성공했다.

이미 도착한 다른 일행들은 내가 안내원의 도움으로 목적지에 도착하니 모두 박수를 치면서 환호를 지른다. 주님께서는 귓속말로 "정 신부, 그만한 일에 용기를 잃고 정신적으로 피곤을 느끼며 우왕좌왕하느냐. 내가 너와 함께 있겠다고 약속을 했는데 내가 너의 곁에 있는 줄 벌써 잊었느냐? 끝까지 잘 하여라" 하는 말씀이 들리는 것 같다.

두려움 없이 끝까지 해야 되겠다는 각오가 새로워지며 나머지 두 개의

알래스카에서 만난 하느님

코스를 반드시 성공해야겠다고 결심했다. 의욕이 생겼다. 유람선을 여러 차례 타면서 미국 대륙을 세 차례나 1차는 13,724km, 2차는 20,292.2km, 3차는 11,972.8km 혼자 횡단하면서 오로지 주님과 함께 하는 기나긴 여행을 통해 주님을 수없이 체험해왔다. 목숨이 위태로웠던 경우도 많았지만 무사히 성공한 이유는 오로지 주님과 함께 여행하였기 때문이리라.

나머지 두 코스는 아무런 어려움 없이 공중 케이블 곡예를 제대로 즐기면서 성공적으로 마쳤다. 안내원이 가르쳐 준 요령을 잘 활용하면서 주님과 함께 공중 케이블에 매달린 채 광활한 밀림 속을 휘젓고 날아다닌 통쾌함을 말로는 표현할 수 없을 것이다. 주님이 나의 마음 안에서 활동하시도록 마음을 비우고 순간이나마 주님과 일치를 이루면 모든 것이 가능한 기적이 일어남을 나는 나름대로 많이 경험해왔다. 오늘도 Canopy & Ziplin을 타면서 체험한 사실이다.

지그재그로 열 개의 코스를 다 마치고 한 사람씩 나무 위에 고정된 밧줄을 타고 땅에 발을 디디는 순간, 나도 이 어려운 스릴 넘치는 모험을 해내었구나 하는 보람과 성취감에 짜릿한 쾌감을 맛보았다. 한 사람도 낙오자 없이 위험한 어려운 모험을 해낸 장한 용기를 치하하는 뜻으로 Canopy & Zipline Adventure를 케이블 위에서 즐기는 사진이 박힌 동메달을 각자 목에 걸었다.

뭍으로 내려온 우리 일행 여덟 명은 목에 메달을 걸고 함께 세 시간 가까이 케이블 위에서 곡예를 하면서 느꼈던 덕담을 나누면서 기념사진을 찍었다. 전쟁영화에서나 본 위험하고도 무시무시한 Canopy & Zipline Adventure를 성공적으로 해냈다는 사실은 평생 잊혀지지 않을 나름의 무용담으로 오래도록 기억될 것이다.

위험과 스릴이 넘치는 이번 Canopy & Zipline Adventure를 통해 나는 일생 잊을 수 없는 두 가지 값진 체험을 했다. 하나는 빽빽이 들어선 울창한 산림 속에서 고공에 설치된 케이블을 타는 경험을 했다는 점이다. 둘째는 무서운 공포와 피곤으로 인해 Canopy & Zipline을 더 이상 움직이지 못한 채 공중 케이블에 대롱대롱 매달려 있을 때 나는 나머지 코스를 포기하려고 했다. 그런데 그 순간 주님이 주시는 용기가 나의 마음을 불같이 달아오르게 하는 힘이 되었기에 끝까지 계속할 수가 있었다는 점이다.

해안에 정박해 있는 고무보트를 타고 유람선까지 돌아오는데 나의 몸은 아직도 Canopy & Zipline을 즐기면서 고공에 설치된 케이블에 매달려 있는 것 같은 착각을 하고 있는 것 같다.